大人のバレエ

上達レッスン50のポイント

新版

東京バレエ団　特別団員
夏山周久　監修

メイツ出版

はじめに

バレエは、長い鍛錬の末に身につく、踊りの基本ともいえるものです。プロを目指すには、大変な努力が必要な踊りでもあります。

しかし、バレエを楽しむことは誰にでもできます。美しく踊りたいと、レッスンを重ねることは、大人になってからでも可能なのです。

この本は、多くの方にバレエの楽しみを知ってもらいたいという思いから監修しました。

バー・レッスンの基本的な動きや、センター・レッスンの流れを紹介し、どうしたらより美しい踊

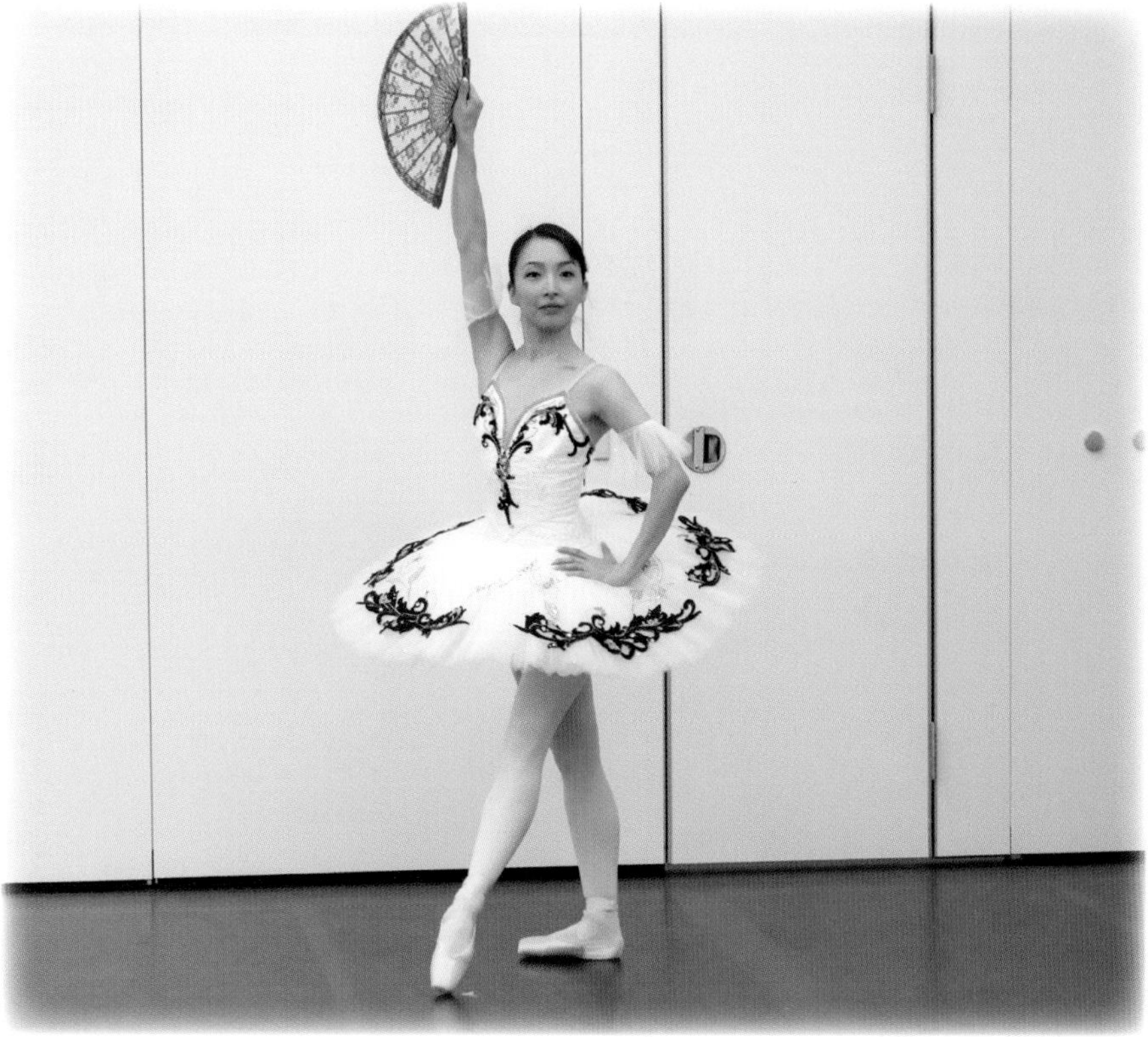

りになるのかを解説しています。皆さんがレッスンをする上での一助となれば幸いです。

この本の中では、バレエが上達するための50のポイントを紹介しました。しかし、バレエ上達のためには、これだけを覚えればいいというわけではありません。日々、レッスンを積み、バレエを深く知ってください。そして、バレエを好きになってください。

バレエが多くの方にとって、かけがえのないものになったら嬉しいです。

夏山周久

CHECK

このページで紹介するパやレッスンをマスターするための要点を提示。練習する際は、常に意識して行いたい。

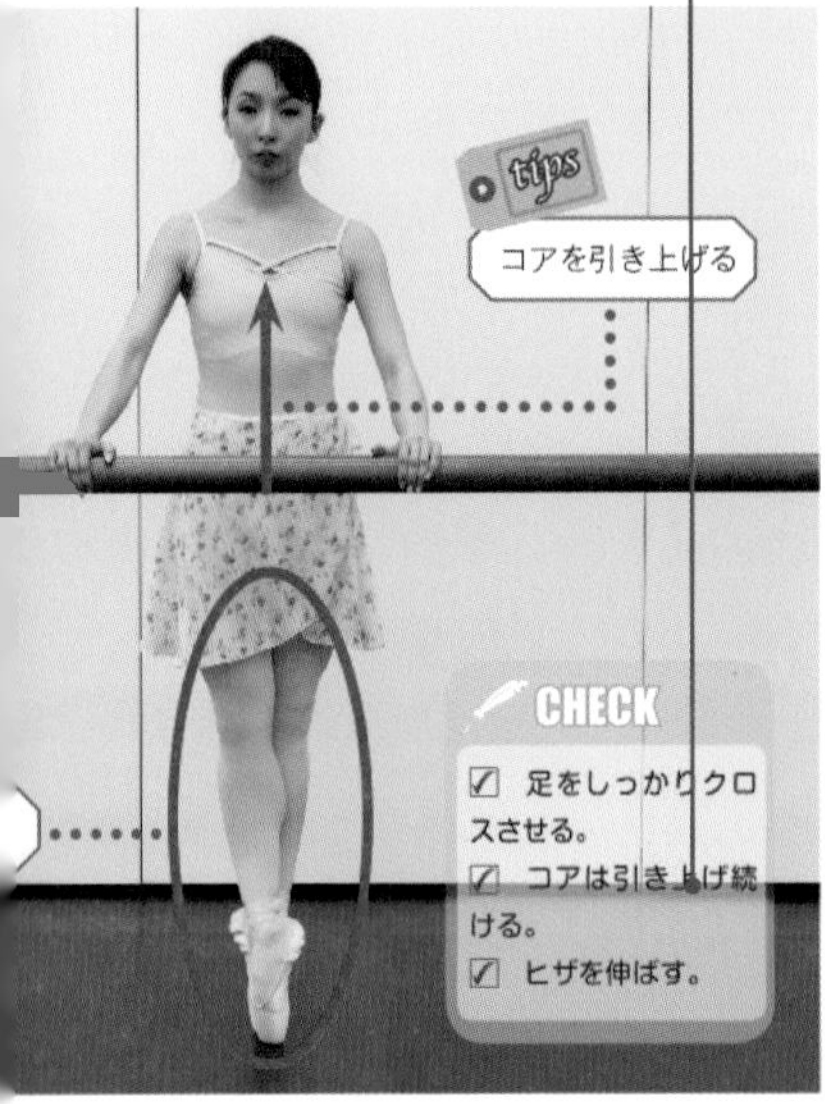
POINT 44

スス（足を引き寄せて立つ）

内モモをしっかりクロスさせる

tips
コアを引き上げる
CHECK
足をしっかりクロスさせる。
コアは引き上げ続ける。
ヒザを伸ばす。

ススとは

ポアントの練習では、基本的な動きをバー・レッスンで行い、その後、安定して立てるようになったらセンター・レッスンへと移行します。ここでは、ポアントのもっとも基本となる動きとも言える、ススのポイントを紹介しましょう。

ススは、5番の足から左右のツマ先を重ねるように引き寄せてポアント（またはドゥミ・ポアント）で立つ動きを指します。

プリエでしっかりと床を押し、その後、一気に両足で立ちます。このとき、足が一本に見えるように足を付け根からしっかりとクロ

114

解説文

このページで紹介しているパやレッスンの動きの説明や、関連する知識を紹介。頭でパを理解して、練習に臨む。

この本の使い方

この本では、クラシックバレエが上達するためのポイントを紹介しています。バレエの基本となるバー・レッスン、センター・レッスン、ヴァリエーションをはじめ、ポアントのためのレッスンまで、バレエの上達に必要な知識を一通り網羅しているので、最初から読み進めても、自分が苦手とする項目をピックアップして習得することも可能です。

各ページではメイン写真と「CHECK」と関連し、紹介している「パ」（動き）やレッスンを習得するためのポイントや注意点をあげています。また、Ａｄｖｉｃｅは、皆さんの理解を深めるための助けになる情報を提示しています。

Advice

監修の夏山周久ならではのアドバイスや、紹介しているパやレッスンに関する知識を紹介。

ここがポイント

体を動かしたり、練習をする際に、意識するとうまくいくポイントを紹介する。

Part 5　憧れのポアントを履こう

ここがポイント 両足を寄せてクロスする

ポアントに立ったら、両足をすぐに寄せて、足を付け根からクロスさせる。足が一本に見える形が望ましい。内モモの間には隙間をあけず、ぴったりくっついている状態にしよう。

ここがポイント コアを引き上げて体が落ちないよう注意

肩が上がったり、バーに体重をかけてしがみつく姿勢も×。あくまでもバーは利用するだけで体重をかけすぎてはいけない。コアをよりいっそう引き上げて、自分の体を高い位置で保つイメージを持とう。

Advice ク・ド・ピエも練習しよう

ススで立てるようになったら、ク・ド・ピエでも立ってみよう。ク・ド・ピエにするためにジャンプすると体が落ちてしまうので、飛び上がる瞬間に自分の体をホールドするのがポイント。

ここがポイント ヒザを伸ばして両モモをつける

ヒザが伸びていないと、足と足の間に隙間ができてしまう。ススは、一本の足に見えるように足をクロスして立つパだ。ヒザを伸ばし、両足をしっかりとクロスさせよう。

115

が、呼吸は自然に行いましょう。

目次

※本書は2016年発行の『大人のバレエ　上達レッスン　50のポイント』を「新版」として発売するにあたり、内容を確認し一部必要な修正を行ったものです。

はじめに……2
この本の使い方……4

PART1　基礎知識を覚える
POINT 01　基本姿勢……10
POINT 02　足のポジション……12
POINT 03　腕のポジション……14
POINT 04　体と足の方向……16
POINT 05　アラベスクの種類……20
POINT 06　レヴェランス（お辞儀）……22

PART2　踊りの基本となるバー・レッスンを学ぶ
POINT 07　バー・ストレッチ（レッスン前のストレッチ）……24
POINT 08　プリエ（2番・1番・4番・5番）……26
POINT 09　ポール・ド・ブラ（前後）……30
POINT 10　ポール・ド・ブラ（左右）……32
POINT 11　バットマン・タンデュ1（ハーフ・ポアントとフル・ポアント）……34
POINT 12　バットマン・タンデュ2（前・横・後ろでターン・イン）……36
POINT 13　バットマン・ジュテ（前・横・後ろ）……38
POINT 14　ロンド・ジャンブ・ア・テール（アン・ドゥオール、アン・ドゥダン）……42
POINT 15　フォンデュ（前・横・後ろ）……46

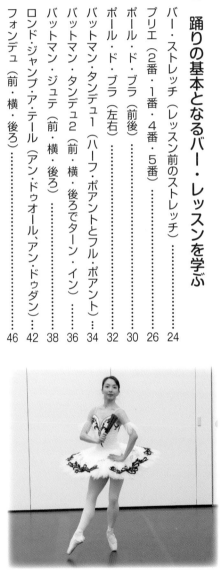

POINT16 フラッペ（前・横・後ろ）……50
POINT17 ロンド・ジャンプ・アン・レール（アン・ドゥオール、アン・ドゥダン）……54
POINT18 アダージョ（前・横・後ろのデヴェロッペ）……58
POINT19 グラン・バットマン（前・横・後ろ）……62
POINT20 ク・ド・ピエ（前・横・後ろ）……66

PART3 センター・レッスンで〝踊り〟を学ぶ

POINT21 ポール・ド・ブラ（腕の動き）……68
POINT22 アダジオ1（ゆっくりな曲での踊り）……70
POINT23 アダジオ2（ゆっくりな曲での踊り）……72
POINT24 バットマン・タンデュ1（前後左右に足を出す）……74
POINT25 バットマン・タンデュ2（前後左右に足を出す）……76
POINT26 ピルエット1（外回りで回転）……78
POINT27 ピルエット2（内回りで回転）……80
POINT28 アレグロ1（速い曲での踊り）……82
POINT29 アレグロ2（速い曲での踊り）……84
POINT30 アレグロ3（速い曲での踊り）……86
POINT31 グラン・ワルツ（3拍子の曲での踊り）……88
POINT32 グラン・ジャンプ1（大きなジャンプ）……90
POINT33 グラン・ジャンプ2（大きなジャンプ）……92
POINT34 ピケ・ターン&スートゥニュ（回転しながら移動）……94
POINT35 ピケ・ターン&シェネ（回転しながら移動）……96

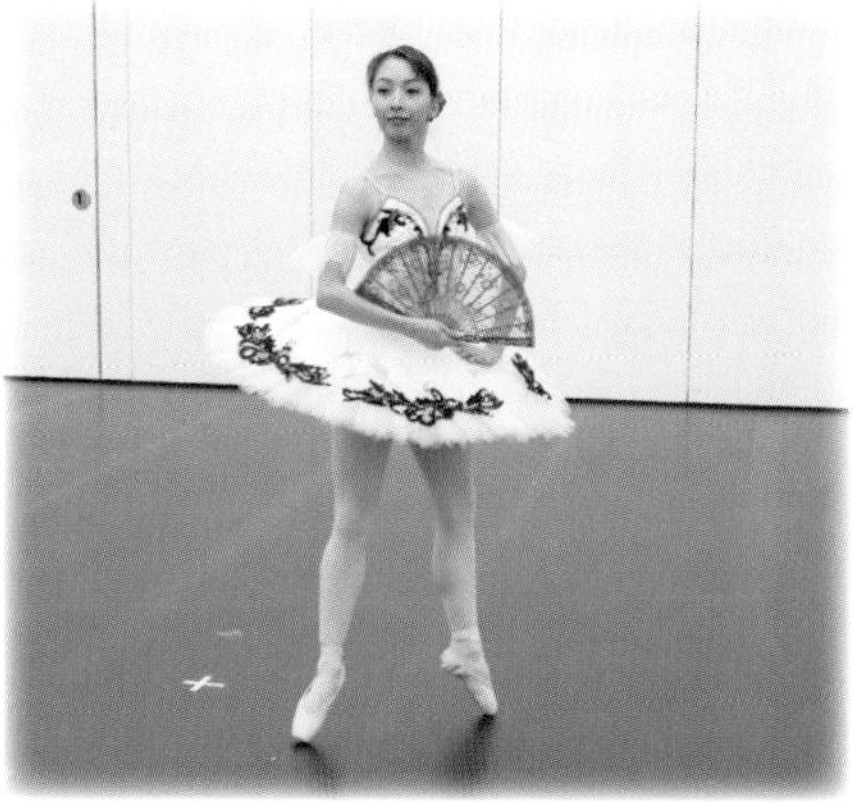
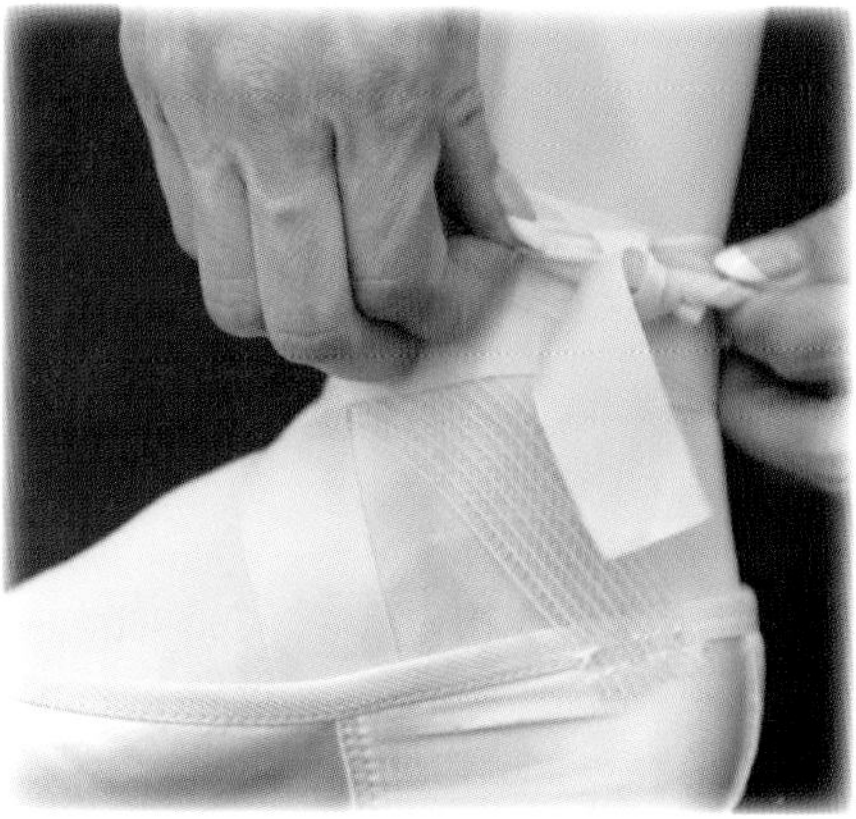

POINT36 レヴェランス（お辞儀）……98
POINT37 大人バレエの正しい習得法……100

PART4 ヴァリエーションに挑戦しよう
POINT38 ヴァリエーション1（キトリを踊る）……102
POINT39 ヴァリエーション2（エシャペ、アティテュード・トゥール、パ・ド・シュヴァル）……104
POINT40 物語を知って優雅に踊る……106

PART5 憧れのポアントを履こう
POINT41 ポアントを履くための心構え……108
POINT42 ポアントの足慣らし1（6番で立つ）……110
POINT43 ポアントの足慣らし2（1番で立つ）……112
POINT44 スス（足を引き寄せて立つ）……114
POINT45 エシャペ（5番から2番に立つ）……116
POINT46 ペアを組んで踊る……118

PART6 ストレッチで体を作ろう
POINT47 ストレッチでケガを防止する……120
POINT48 下半身や体幹をストレッチする……122
POINT49 上半身をストレッチする……124
POINT50 レッスンや舞台でよく使われるバレエ用語……125

PART 1

基礎知識を覚える

POINT
01

基本姿勢

つちふまずで床を押し込む

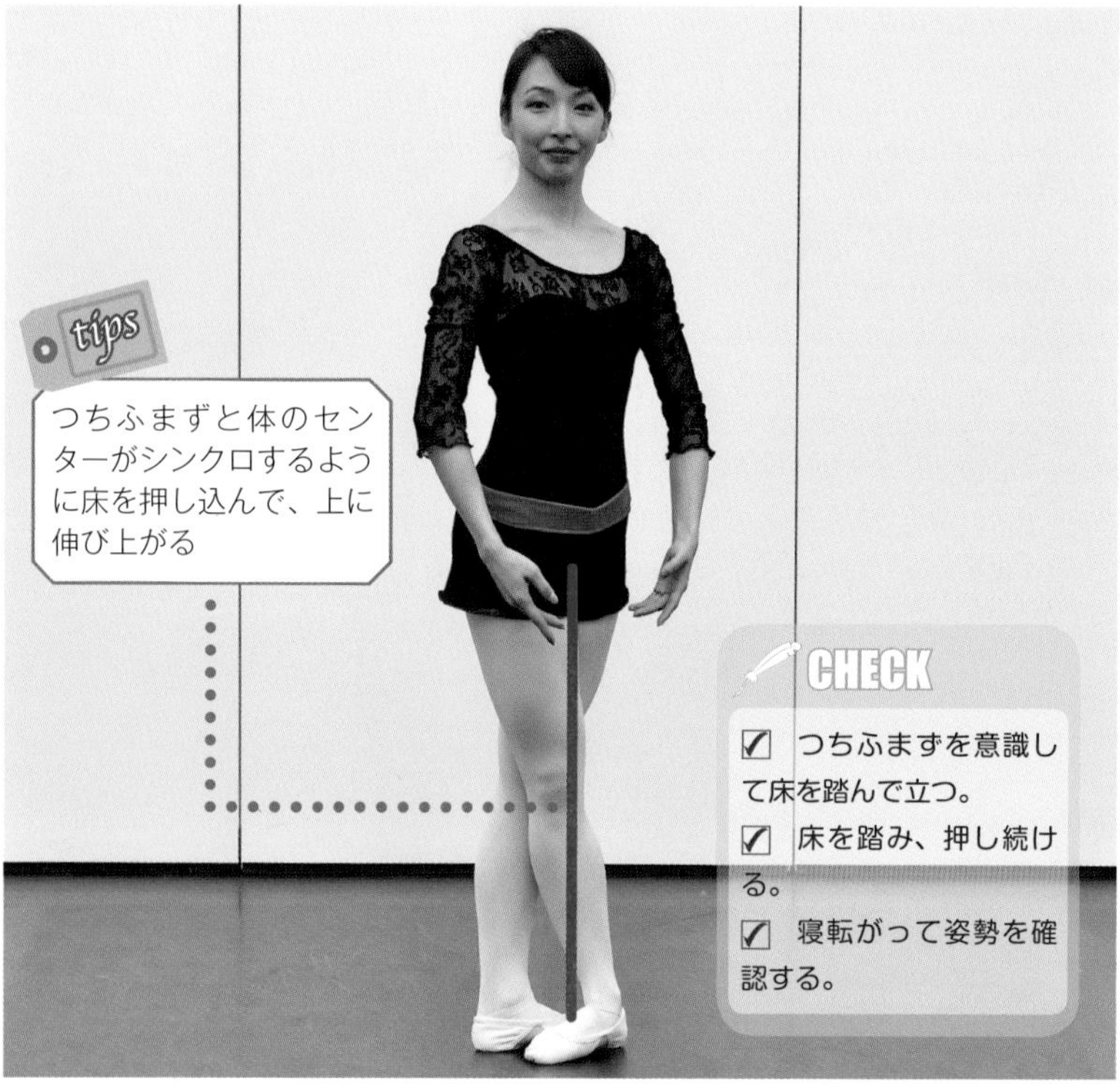
tips
つちふまずと体のセンターがシンクロするように床を押し込んで、上に伸び上がる
CHECK
つちふまずを意識して床を踏んで立つ。
床を踏み、押し続ける。
寝転がって姿勢を確認する。

基本姿勢とは

バレエでは、どのパ(動き)でもどのポジションでも、姿勢を美しく保つことがもっとも重要なポイントとなります。

まず、両足を引き寄せたまま、床に寝転がってみましょう。この姿勢のまま、立ち上がった状態がバレエでいう美しい姿勢です。体が一直線になっていることを意識しながら、胸とお腹を引き上げ、お尻にエクボを作って、腰でアーチを描きます。

重心は、足のポジションが1番の場合には体の真ん中、5番の場合には軸足となる足の上に持ってきます。つちふまずを意識しながら、床を押し込んで立ちましょう。

バレエは、この重心(軸)の移動が全てだといっても過言ではありません。重心をいかにとり、どこに置くかできれいに踊ることができるかどうかが決まってきます。

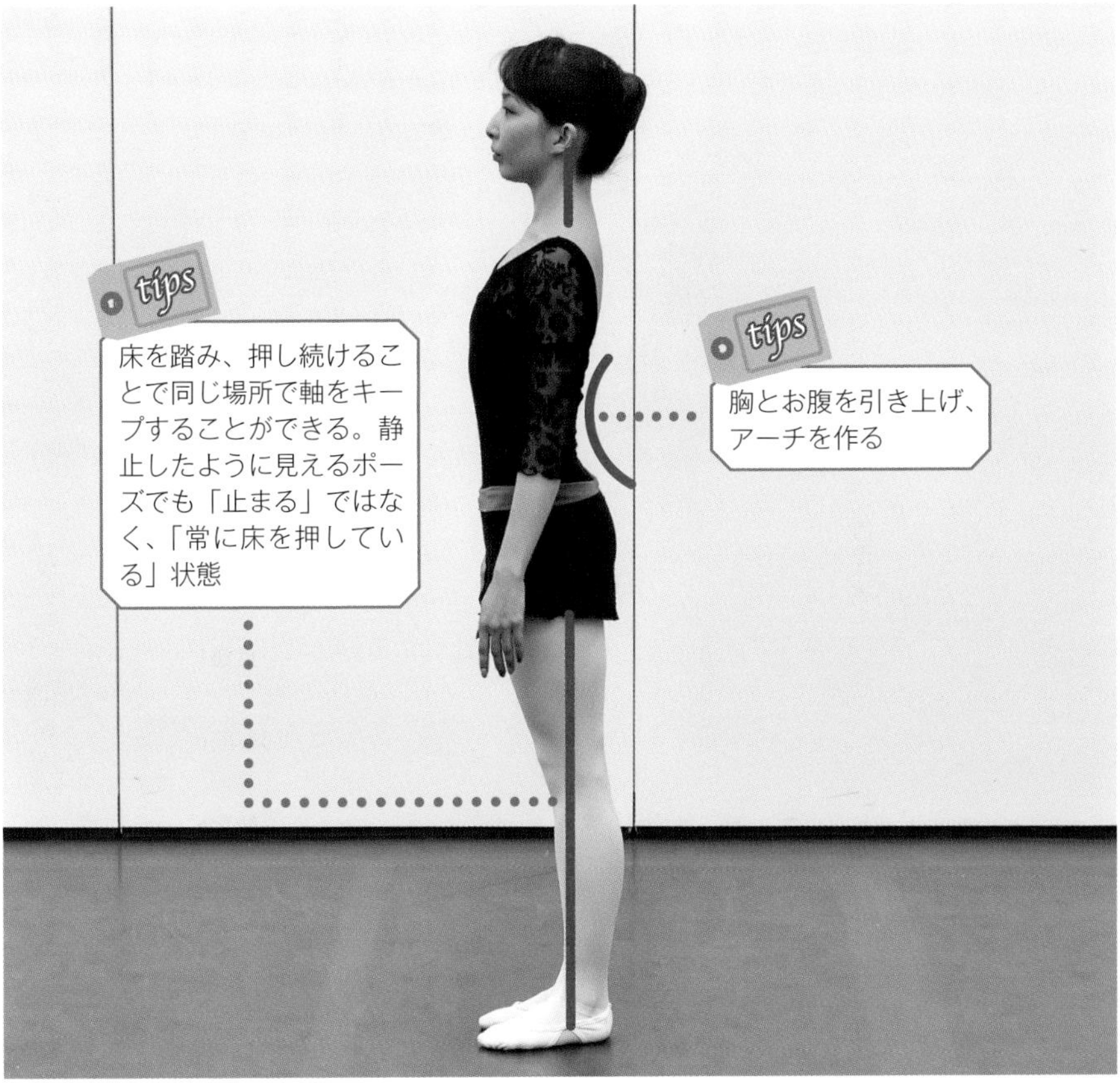
tips
床を踏み、押し続けることで同じ場所で軸をキープすることができる。静止したように見えるポーズでも「止まる」ではなく、「常に床を押している」状態
tips
胸とお腹を引き上げ、アーチを作る

ここがポイント

床に寝転がり 姿勢を確認しよう

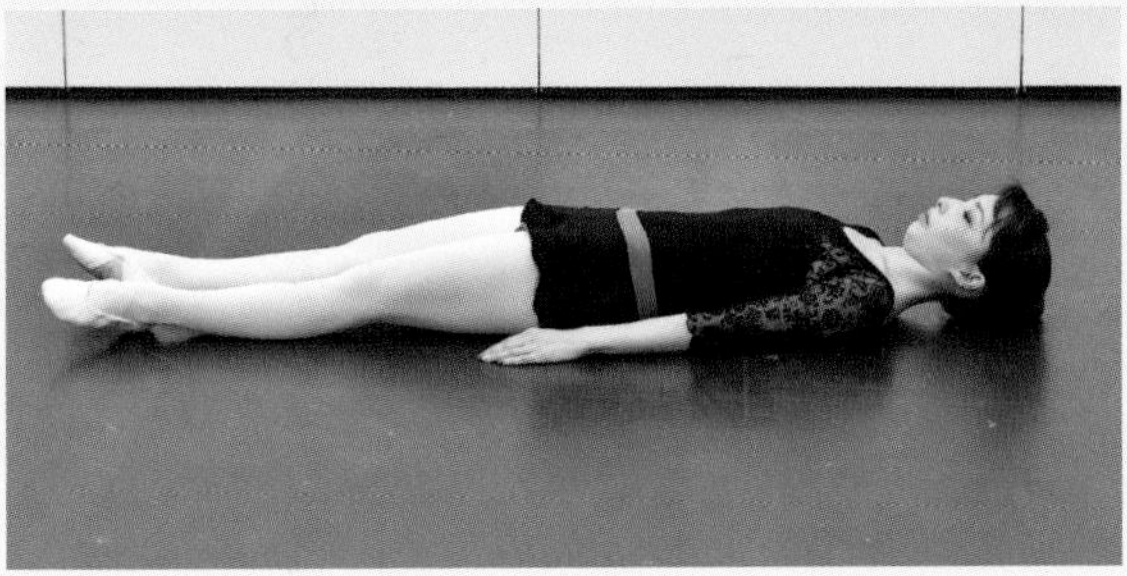

床に寝転がった状態の姿勢が、正しい姿勢となる。そのため、まずは寝転がり、背中の伸び方や首の位置を確認してみよう。立ち上がっても、床があることを意識すると美しい姿勢が保ちやすい。首から背中が一直線になるよう意識しよう。

POINT 02

足のポジション ツマ先とカカトの位置を意識する

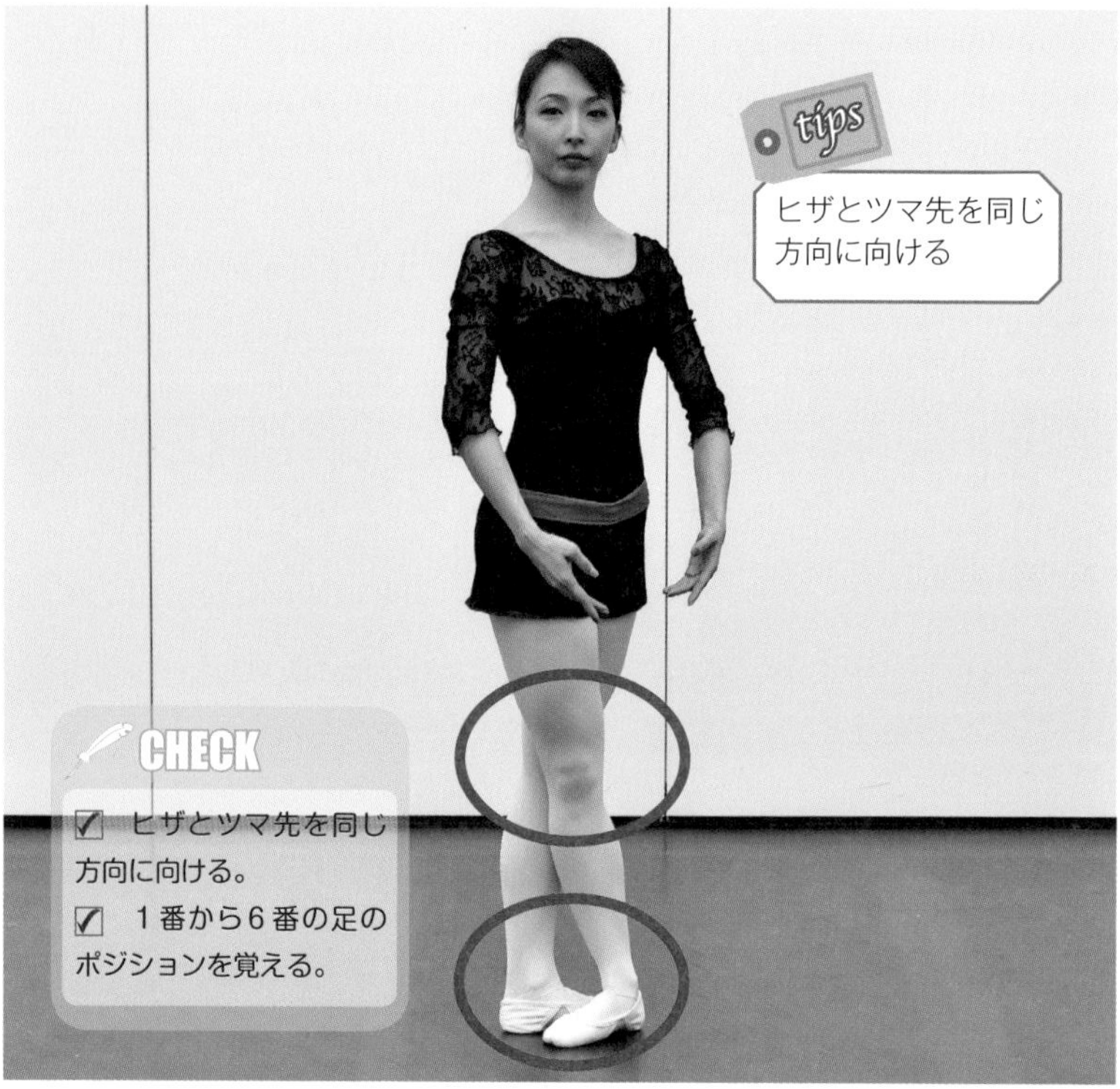
tips
ヒザとツマ先を同じ方向に向ける
CHECK
✓ ヒザとツマ先を同じ方向に向ける。
✓ １番から６番の足のポジションを覚える。

足のポジションとは

バレエを始めるときに、まず覚えたいのが足のポジションです。足のポジションは、全部で6つあります。

バレエの動き（パ）は全てこの6つのいずれかのポジションから始まります。いずれも番号で呼ばれ、1番、2番、4番、5番はよく使われるポジションです。中でも、5番はパの基本となるポジションでもあります。

どのポジションでも、カカトとツマ先の方向や位置に注意しながら、足をアン・ドゥオール（付け根から外側に開く）して立つのが基本です。180度開くのが理想ですが、難しい人は、レッスンの度に意識して、少しずつ開いていけるように心がけましょう。

また、ヒザとツマ先が同じ方向を向くように意識し、ヒザは伸ばしておくことも大切です。

tips

1番から6番の足のポジションを覚える

1番

両足のカカトをつけて、ヒザと内モモを密着させる。足は180度開くのが正しいポジションだが、ツマ先だけを外側に向けるとケガにもつながるため、ヒザと同じ方向に向ける。

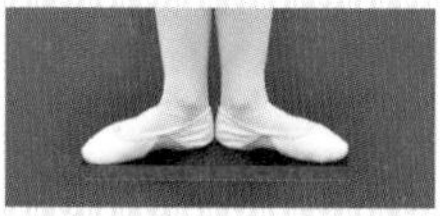

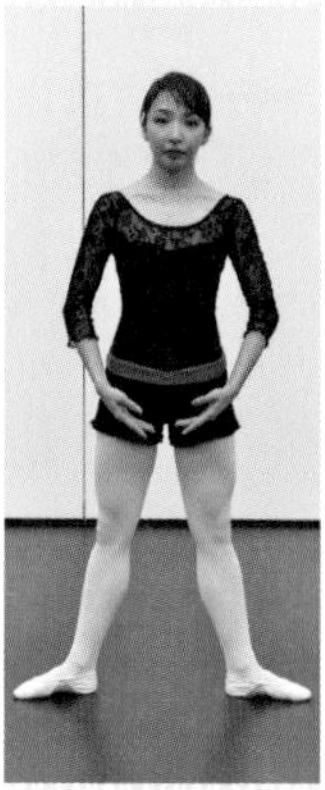

2番

1番のポジションから、左右に足を移動させ、肩幅程度に開く。どちらかの足が前に出ないよう、平行に位置する。付け根からアン・ドゥオールし、ヒザをしっかりと伸ばすこと。

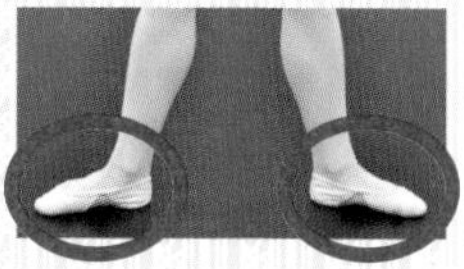

3番

1番の足から片足のつちふまずに、もう一方の足のカカトがくるように重ねる。5番が難しい場合に使われることが多く、一般的なレッスンではあまり使われることがないポジション。

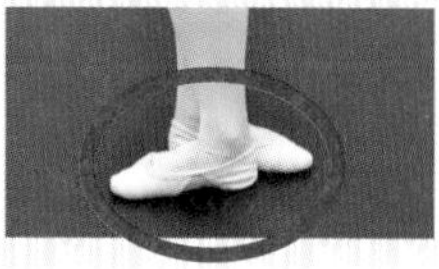

4番

3番、または5番のポジションから、前の足を1足分ほど前に出し、前足のカカトと後ろ足のツマ先のラインを揃える。体の重心は両足の真ん中に置き、つちふまずで床を押すようにして立つ。

5番

前足のカカトと後ろ足のツマ先が重なるように置く。足が一本に見えるように、太ももの付け根からクロスし、太モモを密着させる。ヒザが曲がりやすいので、しっかりと伸ばすことが大切。

6番

両ヒザ、ツマ先を正面に向け、太モモ、ヒザ、カカトを密着させる。両足の間には隙間ができないように、内モモをしっかりと締める。レッスンでは、ストレッチなどで使われるポジション。

POINT 03

腕のポジション

アン・バーが腕を動かすときの出発点

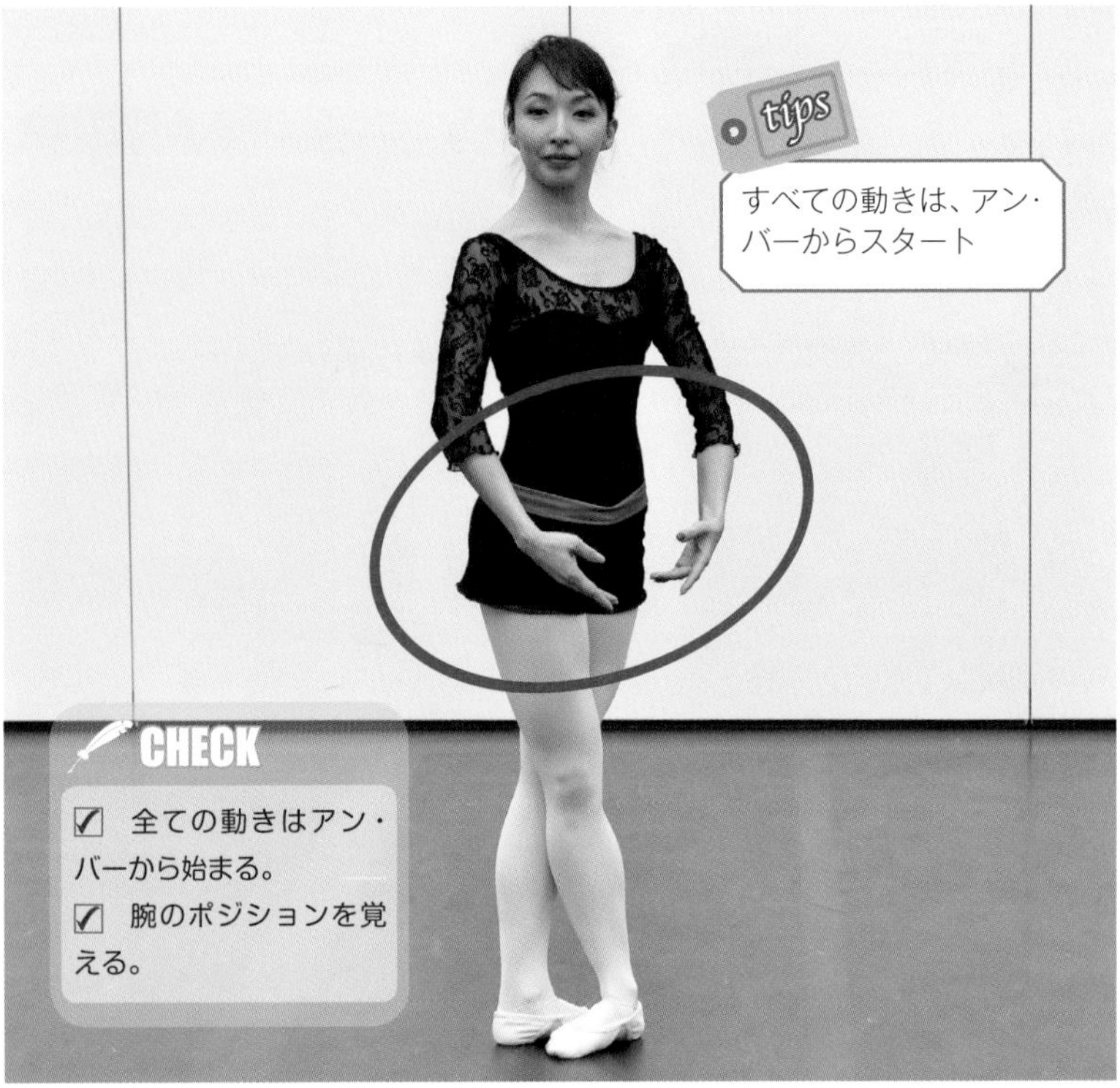
tips
すべての動きは、アン・バーからスタート
CHECK
全ての動きはアン・バーから始まる。
腕のポジションを覚える。

腕のポジションとは

バレエでは、足のポジションだけでなく、腕、体や顔の向き、角度まで、全てのポジションが決まっています。初心者は、足のポジションを覚えたら、次に腕のポジションを確認しましょう。このポジションを正確に体に覚えさせ、いずれかのポジションを通って動くことで、より美しく見せることができるのです。また、どのパであっても、動きの出発点はアン・バーであり、ここから動いているということを意識します。

大人からバレエを始めた場合には、柔軟性や筋力という意味で、全てのパで正確な動きをするのは非常に難しいことです。しかし、腕のポジションや動かし方は、大人からでも美しく見せることができます。難しいパを行っているときでも、腕の力は抜き、正しいポジションを通って優雅に動きましょう。

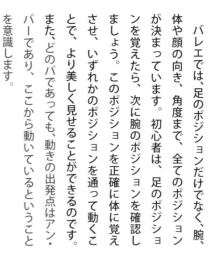

tips

腕のポジションを覚える

ア・ラ・スゴンド

アン・ナヴァンから腕を横に開く。ヒジは肩よりも前に位置させ、肩から指先まで美しいラインが描けるよう意識する。

アン・オー

アン・ナヴァンから、両腕を頭の上まで上げる。美しい楕円形をキープできるよう、鏡でチェックしよう。肩が上がってしまう場合には、手のひらがおでこの前に来る位置でも問題ない。

アン・バー

ワキの下を少し開き、ヒジを軽く曲げて両腕を下ろし、体の前で大きな楕円形を作る。このとき、腕は、体から離した場所に位置すること。手のひらは内側に向け、それぞれの手の間を5センチ程度空ける。

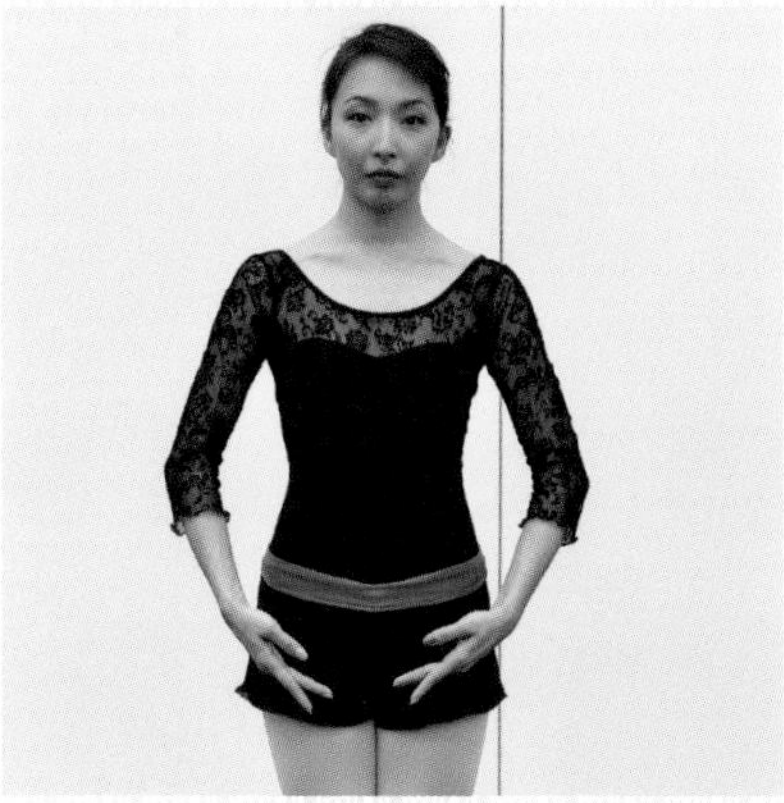

アン・ナヴァン

アン・バーの形のまま、両腕をみぞおちの高さまで持ち上げる。手のひらは自分のお腹に向け、ボールを抱え込んでいるようなイメージで、腕を柔らかく使う。

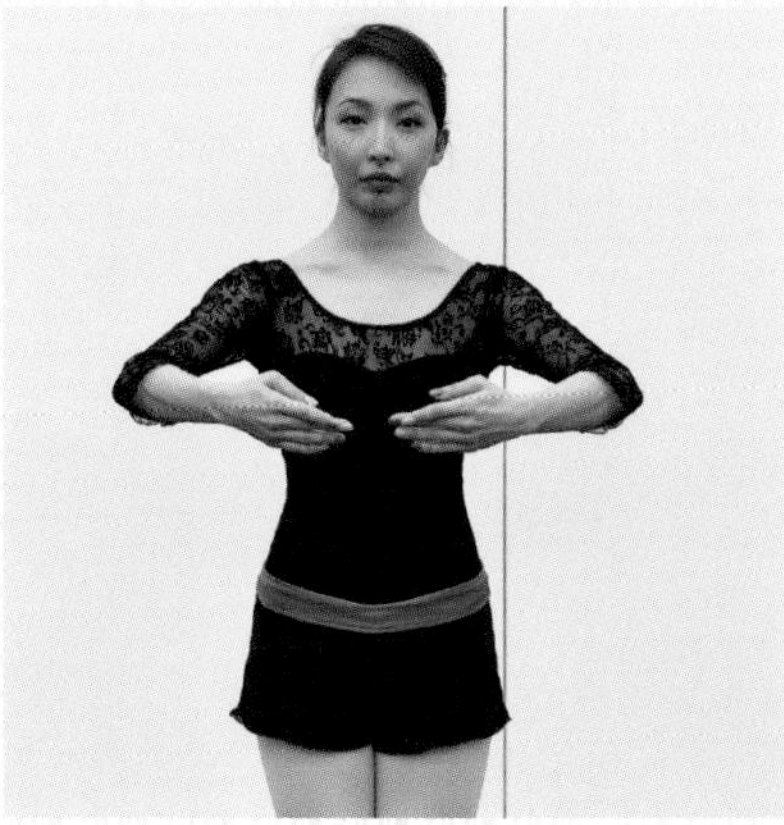

POINT 04

体と足の方向

顔と体、足の方向を組み合わせてポーズ

tips
足や腕、体の方向のワガノワ表記を覚える
CHECK
足や腕、体の方向の組み合わせを覚える。
ワガノワ表記をマスターする。

体と足の方向とは

バレエでは、足と体の方向も決まっており、それらを組み合わせてポーズを覚えます。

本書では、P17以降で紹介する「ワガノワ表記」の番号で体の向きを説明していきます。

ワガノワとは、ロシアのアグリッピーナ・ワガノワによって確立されたメソッド（流派）です。1783年に設立されたワガノワバレエ学校を起源としていると言われ、日本でも多くのバレエ教室でこのメソッドに沿ってレッスンが行われています。もちろん「ワガノワ表記」が全てではありませんが、これを覚えておくと、より理解が深まるでしょう。

いずれのポジションでも、基本姿勢をキープし、「見られている」ことを意識しながらポーズを決めましょう。

アン・ファス

アン・ファスは、正面のこと。足を5番にし、正面(客席側)を向く。ワガノワ表記では1番。顔も正面を向き、肩や胸に力を入れずに立つ。もっとも基本となるポジションだ。

クロワゼ

クロワゼとは、「交差」を意味する言葉。足を5番にし、この足がクロスして見えるようにナナメを向く。写真にある右足前5番では、左ナナメ前（ワガノワ表記：8）に位置する。また、左足前5番では右ナナメ前（ワガノワ表記：2）を向いたポジションとなる。顔は、正面または肩に乗せるようにナナメ前に向ける。

エファッセ

エファッセも、ナナメを向くポジションだが、クロワゼと違い、「交差しない」ポジションとなる。足を5番にし、クロワゼとは逆側のナナメを向く。写真にある右足前では右ナナメ前（ワガノワ表記：2）。また、左足前では左ナナメ前（ワガノワ表記：8）となる。顔は正面または肩に乗せるようにナナメ前を向ける。

クロワゼ・ドゥヴァン

ドゥヴァンとは、「前」を示す言葉。クロワゼの方向に体を向けたまま、前足をドゥヴァンに出すポジションを指す。写真のようにワガノワ表記の8に体を向けて、右足を前に出す。もしくは2の方向に体を向けて左足を前に出す。

エファッセ・ドゥヴァン

エファッセの方向に体を向けたまま、前足をドゥヴァンに出すポジション。写真のようにワガノワ表記で2の方向に体を向けて右足を前に出す。もしくは8の方向で左足を前に出すポジションを指す。

エファッセ・デリエール

クロワゼ・デリエール

クロワゼ、エファッセの方向に体を向けたまま、後ろ足をデリエールの方向に出す。デリエールは後ろの意味。方向を指す言葉には、このほかに「ア・ラ・スゴンド」（横）もある。

クロワゼ・デリエール（アロンジェ）

体と足を出す方向は、クロワゼ・デリエールと同じだが、腕をアロンジェにしているポーズ。アロンジェとは、「伸ばす」という意味の言葉で、手首を返して伸ばした状態を指す。この写真では、アン・オーから手のひらを返し、腕全体を外側に向ける。

tips

時計回りに 45 度ずつ区切る

ワガノワ表記

客席側をアン・ファス（正面）と考え、1番とする。そこから時計回りに 45 度ずつ区切って番号がつけられている。

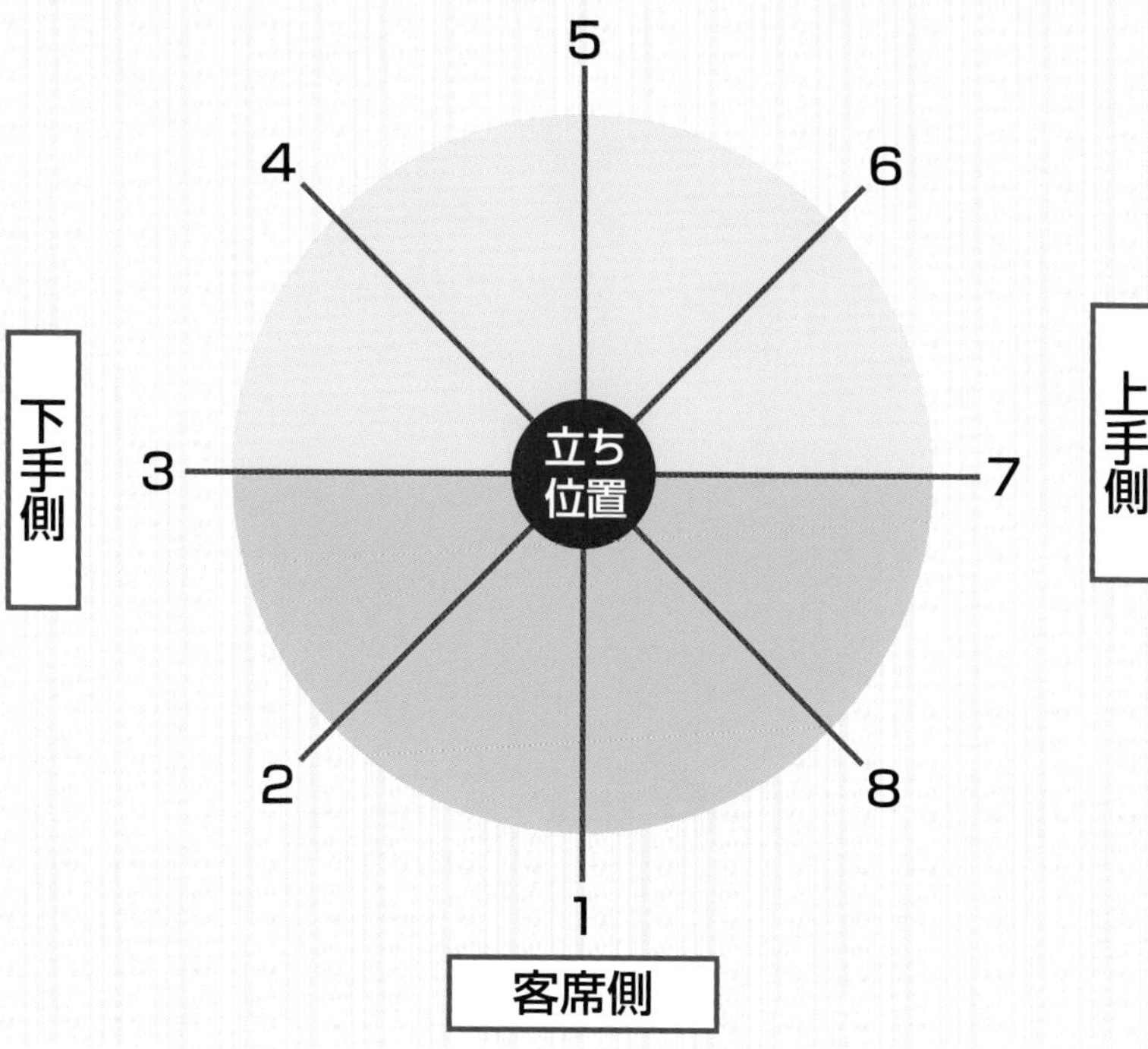

POINT 05

アラベスクの種類

軸足で床をしっかりと踏み込む

tips
胸をナナメ前に
引き上げる
tips
軸足に重心を乗せて、
床を押して立つ
CHECK
軸足に重心を乗せて、床を押して立つ。
胸をナナメ前に引き上げる。
4種類あるアラベスクを覚えよう。

アラベスクとは

バレエで一番知られているポーズといったら、「アラベスク」ではないでしょうか。片足で立ち、もう一方の足を後ろに伸ばして、床と平行に上げたポーズで、もっとも美しいポーズだとも言われています。

数々の作品の中で、いたるところで見られるアラベスクは、4種類のポジションがあります。これは、腕や体の方向によって種類分けされたもので、レッスンを受ける上でこの種類を覚えておくとスムーズです。

アラベスクは、軸足に体重をしっかりと乗せて立つことがポイントとなります。軸足のつちふまずで床を押して、体がぐらつかないよう気をつけましょう。さらに、胸をナナメ前に引き上げながら、足を上げます。

また、両ヒザと上げた足のツマ先をしっかりと伸ばし、アン・ドゥオールします。

tips

4種類のアラベスクを覚える

第1アラベスク

エファッセ5番から、右手を前（ワガノワ表記：3）に左足を後方（ワガノワ表記：7）に上げる。また、逆側のエファッセでも同様の位置に手足を上げる。

第2アラベスク

エファッセの5番から左足を後方（ワガノワ表記：7）に上げ、左手を前（ワガノワ表記：3）、右手を横に伸ばす。第1アラベスクの腕を入れ替えたポーズが第2アラベスクになる。

第3アラベスク

クロワゼの5番から、左足を後方（ワガノワ表記：4）に上げ、左手を前（ワガノワ表記：8）に出す。第1アラベスクの足を入れ替えたポーズが第3になる。

第4アラベスク

クロワゼの5番から左足を後方（ワガノワ表記：4）に上げ、右手を前（ワガノワ表記：8）に出す。前に伸ばした手を見ながら、体を絞るようにひねるとより美しく見える。

POINT 06

tips
優雅にお辞儀する

レヴェランス（お辞儀）美しいお辞儀をしよう

1
右足前５番から前にタンデュ。

2
足を横に移動させ、腕はアン・オー。

3
足を後ろのタンデュに移動させる。

4
左足をプリエし、頭を下げる。

5
頭を上げて、ヒザを伸ばす。

CHECK

- ✓ 優雅に動いて、お辞儀も美しく。
- ✓ お辞儀も踊りの一部と考える。
- ✓ 役柄によってやり方を変える

レヴァランスとは

プロのバレリーナたちは、踊りが終わると、舞台上で美しい優雅なお辞儀（レヴェランス）を行います。

バレエにおいては、お辞儀も美しくあるべきもの。それも踊りの一部と考えられています。普段のレッスンでは、レッスンの前と終わったときに、先生方やピアニストさんたちに向かって行います。

レヴェランスは、舞台では役柄によっても仕方が変わります。また、普段のレッスンでも決まった形はありません。ここでは一般的なやり方を紹介します。

まず、右足を前のタンデュから横、後ろへと回し、それに伴って、体の向きをエファッセへと変えます。そのまま、左足をプリエし、お辞儀します。

PART 2

踊りの基本となるバー・レッスンを学ぶ

POINT 07

バー・ストレッチ（レッスン前のストレッチ）

ウォームアップを行おう

tips

全身のストレッチを行う

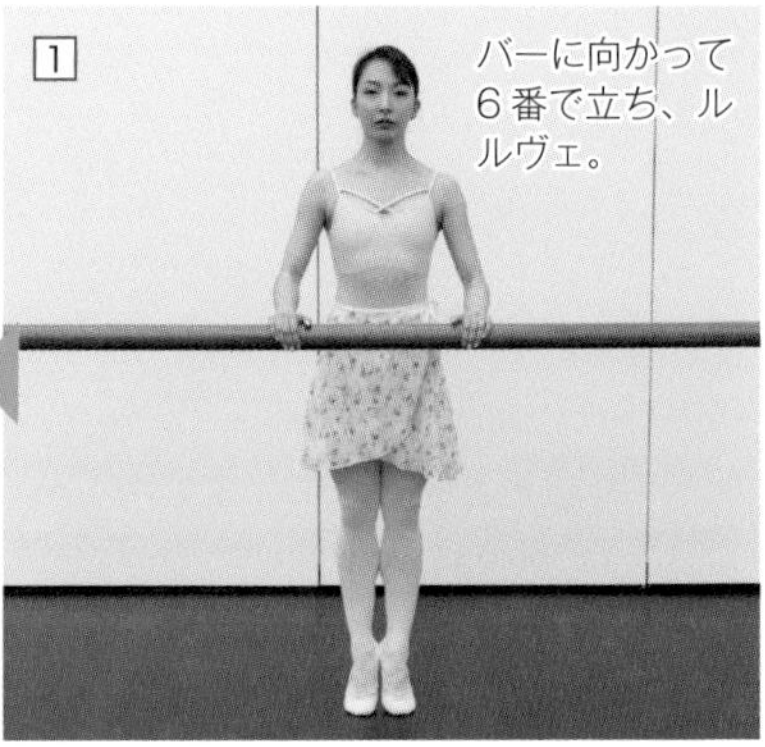
1
バーに向かって6番で立ち、ルルヴェ。

2
右足はルルヴェのまま、左足だけカカトをおろす。次に、左足をルルヴェし、右足はカカトをおろす。これを8回繰り返す。

5
右足を横にタンデュし、左側にカンブレ。

6
そのまま、上半身を後ろ、右と回す。

バレエにおけるストレッチ

バー・レッスンは、バレエの基本の動きを練習するために行います。そのため、正しい動きと姿勢でバー・レッスンを行っていれば、理論上はストレッチを行う必要はありません。とはいえ、柔軟性のない人や久しぶりにレッスンを行う場合などには、レッスン前にバーを使ったストレッチを行うとケガの予防にもなります。

ここで紹介する動きはストレッチの一例です。必ずしもこのやり方で行う必要はありません。大切なことは、体全体の筋肉を伸ばし、温めることです。教室のレッスンで行わない場合には、レッスン前に、個人個人でストレッチを行うとよいでしょう。

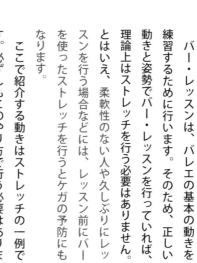

3　6番に戻ったら、カカトを上げて深くしゃがみこむ。

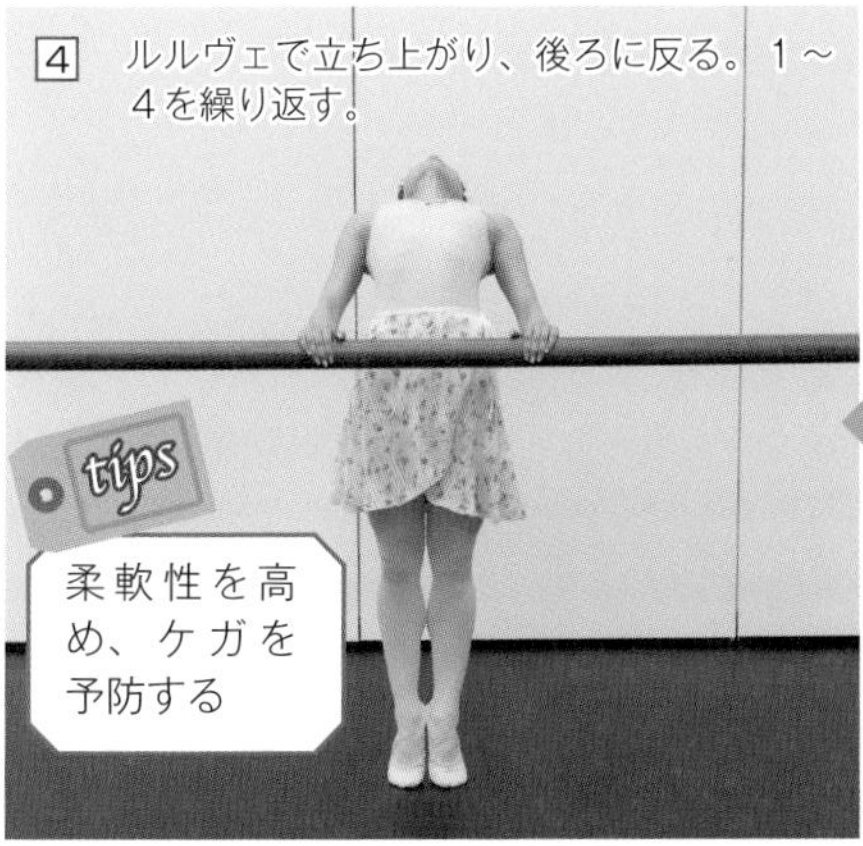

4　ルルヴェで立ち上がり、後ろに反る。1～4を繰り返す。

tips

柔軟性を高め、ケガを予防する

7　体を戻したら、左側を向き、足を平行にする。

8　そのまま、上体を倒し、腰をストレッチし、起き上がる。

tips

筋肉が伸びていることを意識

9　次に、後ろにカンブレ。起き上がったら、バーに向き合い、左足を横にタンデュして、5～8と同様に反対側を行う。

10　バーに向き合い、1番で終わる。

CHECK

- ✓ バー・レッスンの前に全身のストレッチを行う。
- ✓ ストレッチすることで柔軟性を高め、ケガを予防する。
- ✓ ポジションにとらわれず、筋肉が伸びていることを意識。

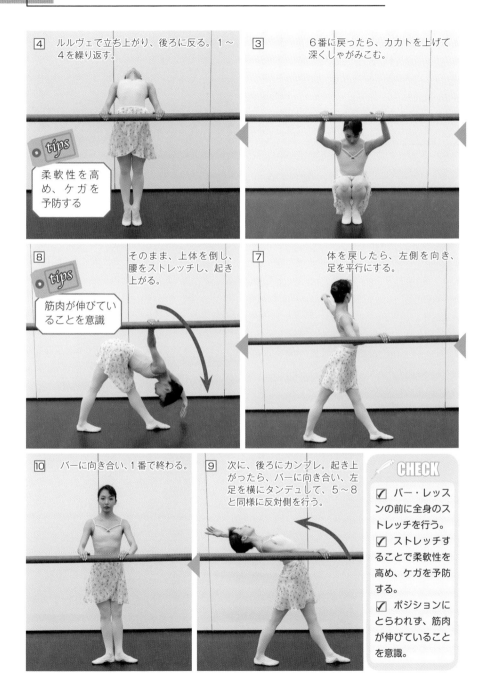

POINT 08

カカトで床を押して立つ

プリエ（2番・1番・4番・5番）

プリエとは

バー・レッスンは、通常「プリエ」からスタートします。プリエは、「折り畳む」という意味で、両ヒザ、または片ヒザを曲げることです。プリエは、ほぼ全てのパで使う動きですので、正しく習得する必要があります。

レッスンでは、通常、ドゥミ・プリエとグラン・プリエを組み合わせて行います。ドゥミは「半分」、グランは「大きい」の意味。つまり、ドゥミはカカトが床から離れない位置までヒザを曲げ、グランではさらに深くヒザを曲げます。

カカトを押すことを意識しながら立ち、体のコアを引き上げた姿勢を保って行いましょう。この姿勢は、全ての動きに共通する基本姿勢です。どのレッスンでも、この姿勢をキープして行います。また、首に力が入らないように注意することも大切です。

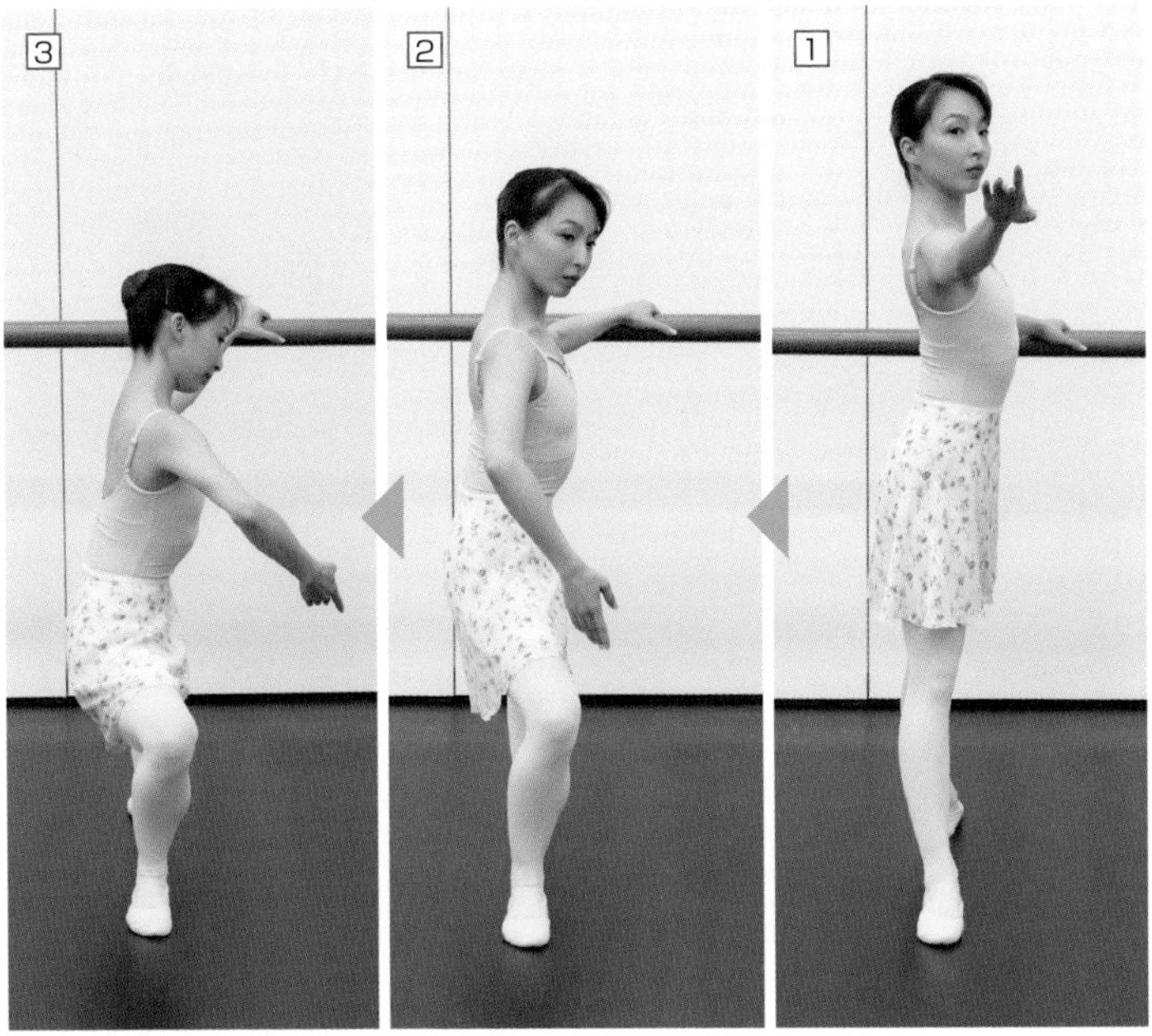

2番

ドゥミ・プリエからグラン・プリエへ

レッスンではプリエは1番から行うことも多いが、ここでは2番からスタート1。ドゥミ・プリエをしたら2、足を伸ばして、グラン・プリエ3。2番のグラン・プリエでは、深くヒザを曲げるが、カカトは浮かさない。

Advice カカトは自然と浮かせる

グラン・プリエでは、腰とヒザが同じ高さになる位置までヒザを曲げる。ヒザを深く曲げることから、1番、4番、5番では、自然とカカトが浮く。しかし、2番ではカカトは浮かせてはいけない。

ここがポイント カカトで床を押して動かないように立つ

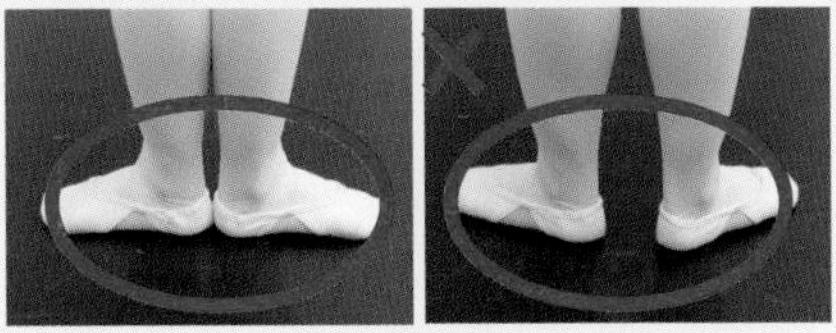

どのレッスンにおいても重要なポイントの一つに、カカトで床を押して立つことが挙げられる。カカトに力が入っていないと、動作足を動かしている間に、カカトが動いてしまい、足のポジションをキープすることができない。正しい足のポジションをキープするためには、カカトで床を押すことを意識して立ち続けることが大切となる。

1番

1番のポジションで同じようにプリエ

2番のプリエが終わったら、足を1番に変えて同様の動きを行う。腕をアン・バーからアン・ナヴァン、ア・ラ・スゴンドへと動かしながら、ドゥミ・プリエを2回行い①②、グラン・プリエを1回行う③。顔は、自然と手のひらを見るようにしてつける。

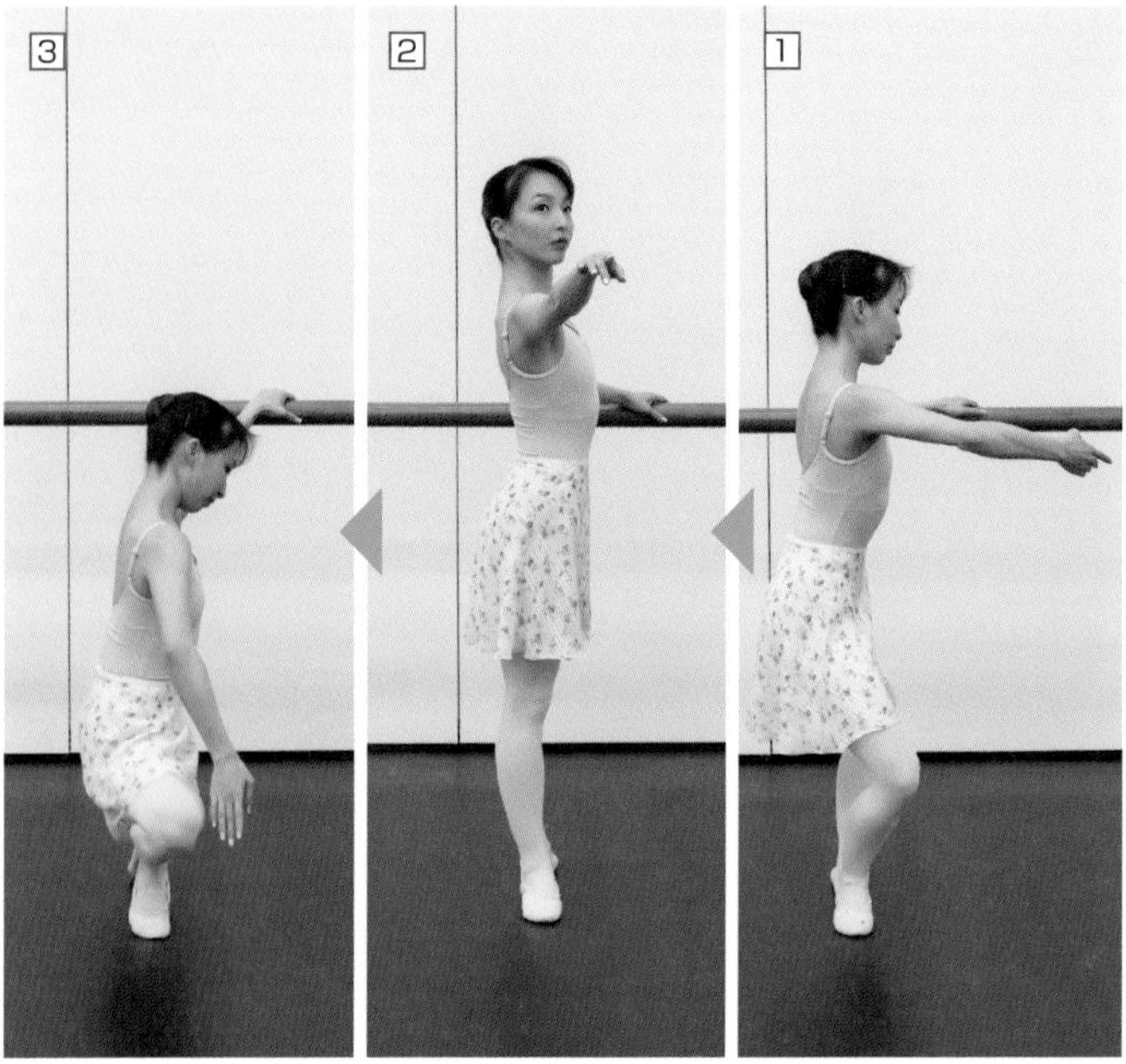

ここがポイント 首の力を抜いて自然と動かす

首に力を入れていると、不自然な体勢になってしまう。首は振り向くためにあるため、力を抜いて楽に構える。軸を保ち首の力を抜く立ち方は、もっとも基本となる姿勢の注意点。どの動きでもこのコツを意識して、姿勢を保つことが重要。

ここがポイント 体の軸を意識しコアを引き上げる

腰が抜けて、胸が後ろに倒れてしまわないように、体の中心＝コアを引き上げて、姿勢を保つ。負荷がかかったときに、体がぐにゃっと崩れてしまいやすいので、どのポーズでもコアを意識して姿勢をキープしよう。

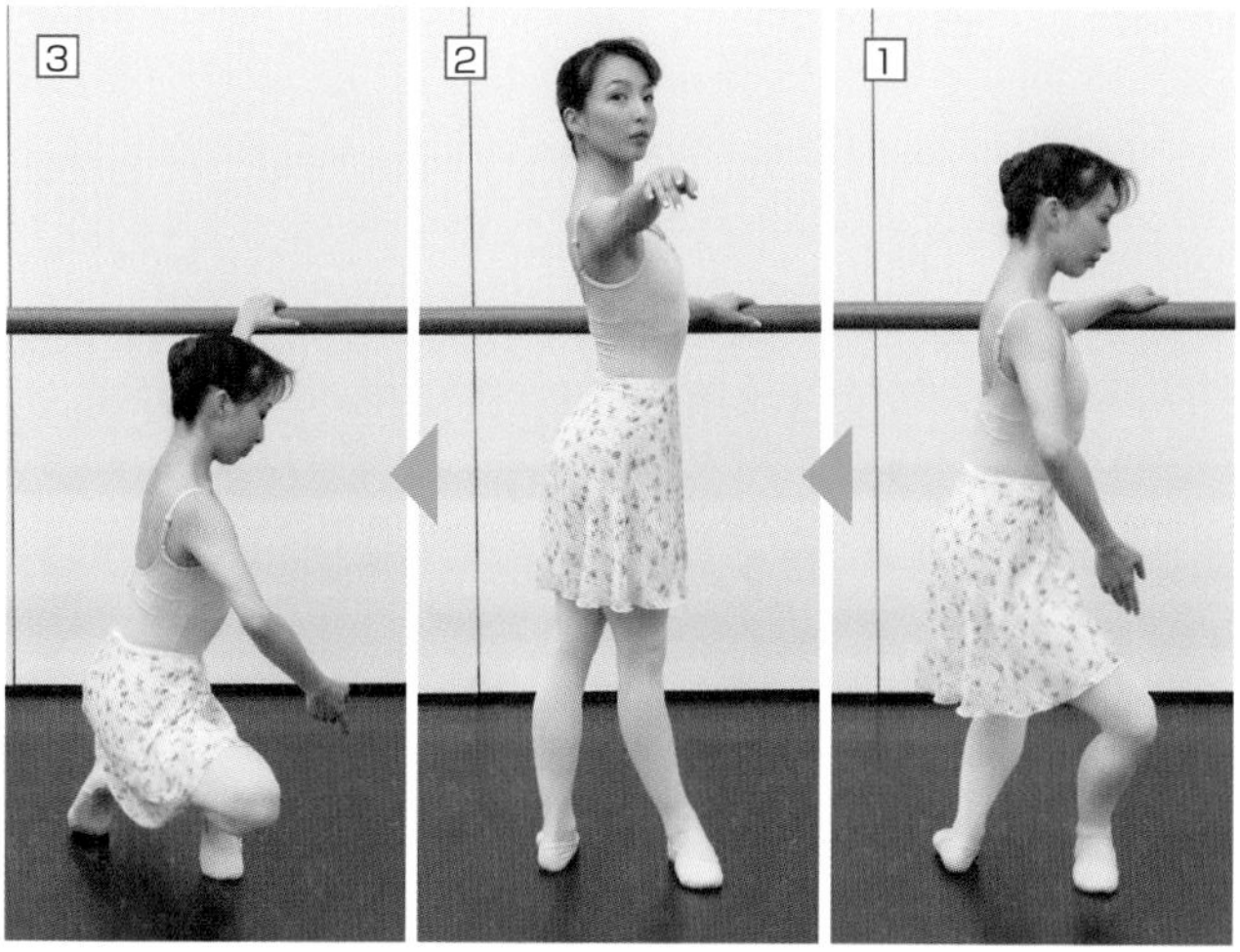

4番

足の真ん中に腰を下ろす

1番のプリエが終わったら、足のポジションを4番にして、同様にドゥミ・プリエ[1][2]とグラン・プリエを行う[3]。足と足の真ん中に重心を保つイメージで、腰から上が、後傾してしまわないよう注意。

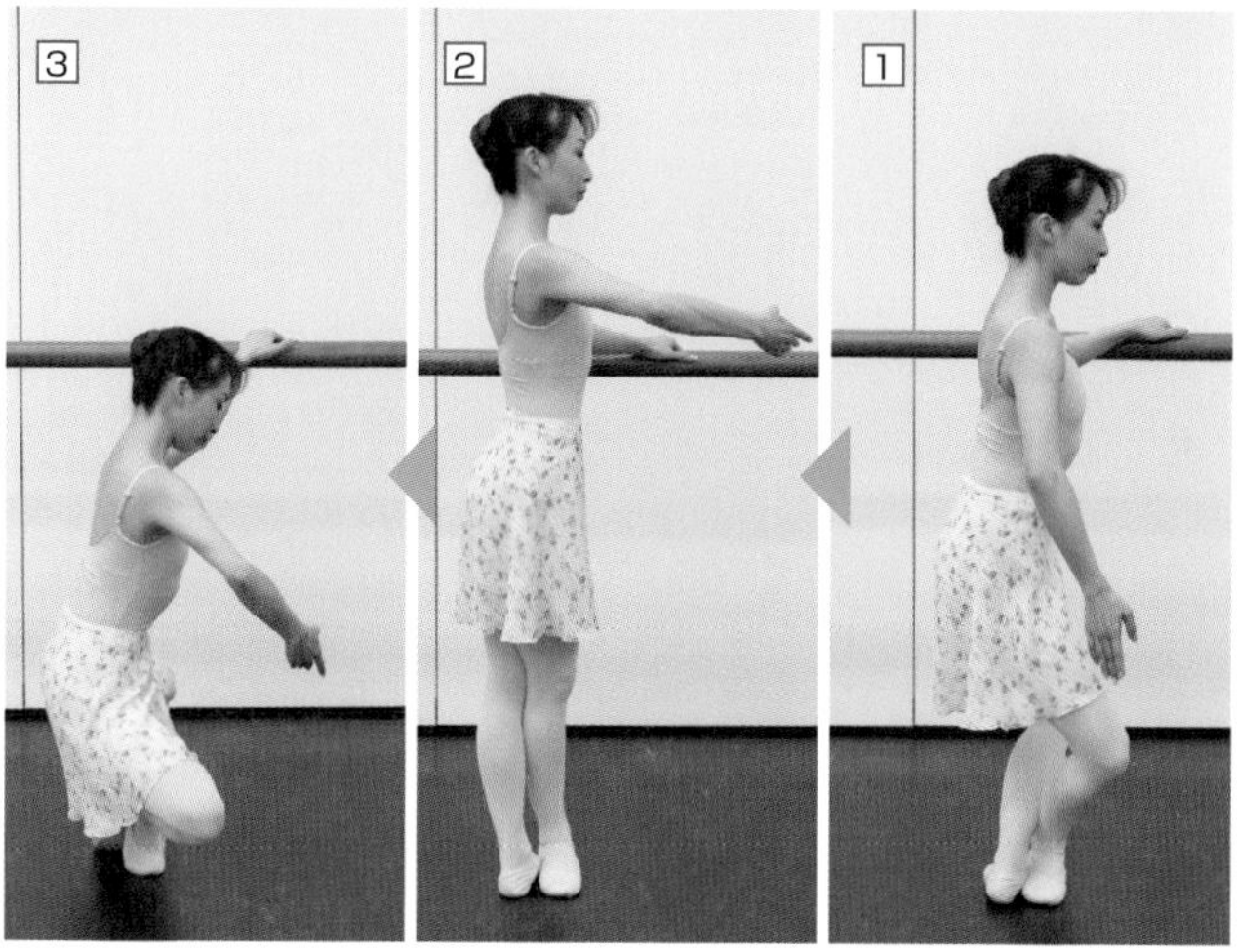

5番

軸をキープすることを意識

バーと反対側の足を前にした5番にし、ドゥミ・プリエ[1]。その後、ヒザを伸ばし[2]、グラン・プリエを行う[3]。5番は足をクロスするため、特に軸をとらえることを意識する。

Advice　5番ポジションが崩れないよう足裏で床をとらえる

カカトが浮いてしまうと、プリエをしているうちに、5番ポジションが崩れてしまう。常にカカトを意識し、足裏全体で床を押して立つことが大切。

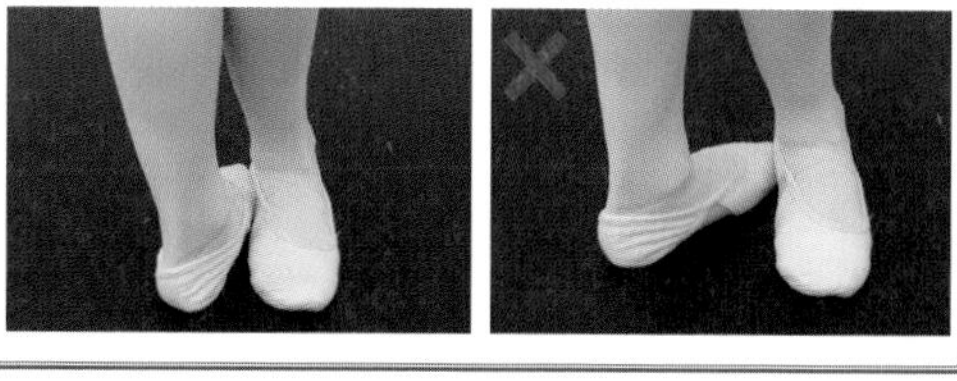

POINT 09

ポール・ド・ブラ（前後）

胸からコアに軸を置いてカンブレ

tips
後ろのカンブレでは、胸から中心に軸を置く
CHECK
後ろのカンブレでは、胸から中心に軸を置く。
アン・バーでは手を体につけない。
アン・オーでは指先は常におでこの前。

前後のポール・ド・ブラとは

ポール・ド・ブラは、「腕の運び」を意味する単語で、片手または両手をポジションからポジションへ移動することを指します。

レッスンでのポール・ド・ブラは、腕の運び方と顔のつけ方、体の動かし方を練習します。バー・レッスンでは、主に体を前後左右に倒す動きを行います。センターレッスンでも同様のレッスンを行いますが、この場合は体の動きに加え、足の動きや体の角度も意識する必要があります。

ポイントは、軸の保ち方。体の真ん中に軸を置くことが基本となりますが、後ろにカンブレ（反る）するときには、その軸を少し上に移動させ、胸からコアで軸を保つようにします。また、どのポジションでも、腕は正しい位置に置くことが大切です。

前後

前に体を倒し、次に後ろに反る

腕を足元に向かって下ろす。それに伴い、上体を前に倒す1。その後、体から起き上がり2、腕をアン・オーにしてから背中がアーチ状になるまで反る3。呼吸は止めず、鼻で吸って口で吐くこと。

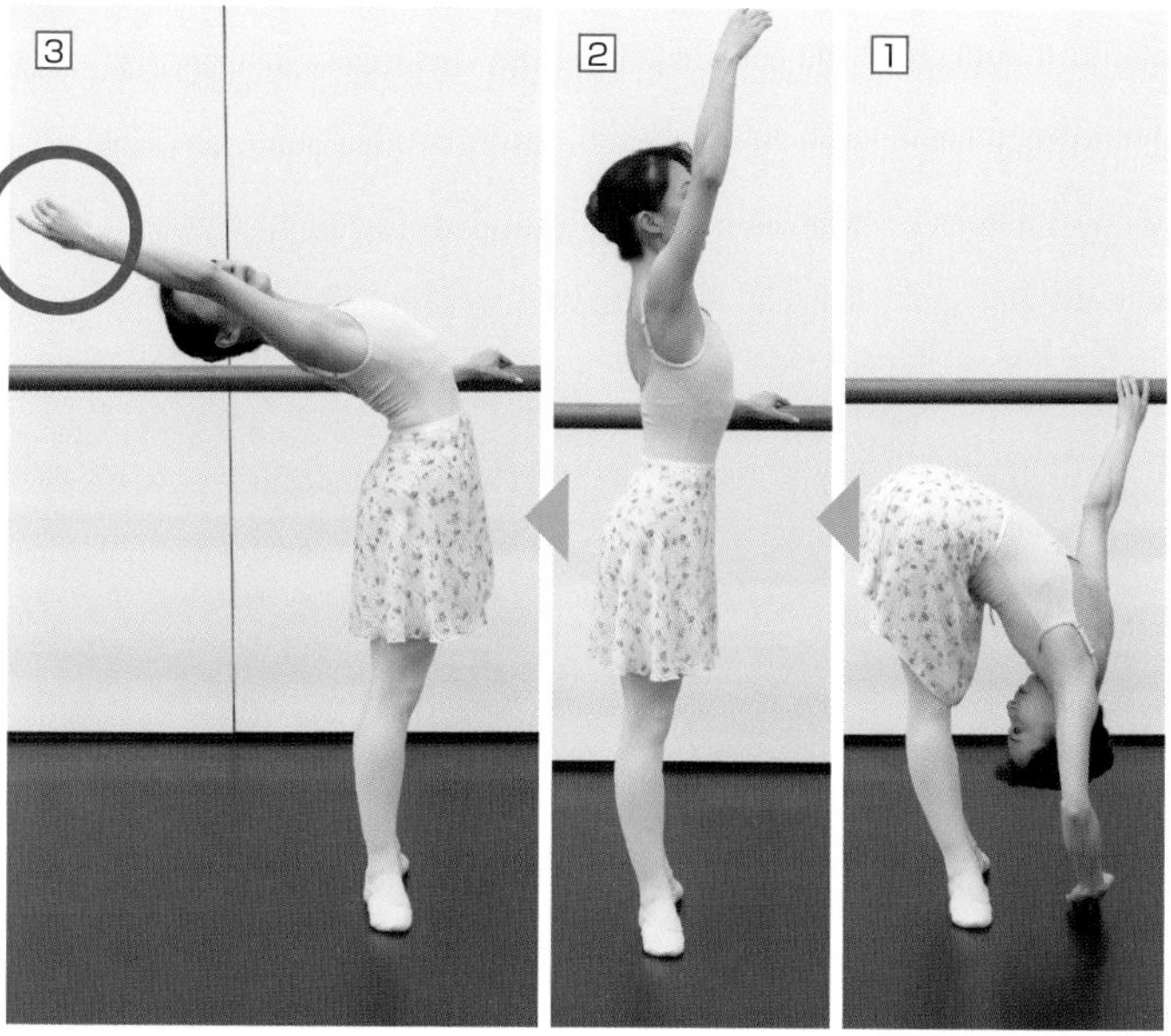

ここがポイント

腕は常に正しいポジション

体にばかり意識がいきがちだが、腕の位置も大切。アン・バーでは体から離した位置、アン・オーではおでこの前に指先を置く。これは、体が前傾、後傾しても変わらない。また、左右にカンブレしてもこの位置をキープする。

ここがポイント

胸元で軸をしっかりとキープする

基本姿勢では、軸は体の中心にある。しかし、そのまま後ろにカンブレすると、正しいカンブレができないため、胸元に軸を置いて後ろに反る。ただし、このときも上に引っ張られているイメージは持ち続ける。

POINT 10

基本姿勢のまま呼吸を止めずに上半身を倒す

ポール・ド・ブラ（左右）

CHECK
軸を中心に感じながら、上半身を倒す。
呼吸は止めない。
前後左右に続けて動く「フル・ポール・ド・ブラ」も覚える。
tips
軸を中心に感じながら、上半身のみを倒す
tips
呼吸は止めない

左右のポール・ド・ブラとは

ポール・ド・ブラの動きは、レッスンでは一連の動きとして、前後のほかに左右も流れの中で行います。

基本姿勢を保ち、体の真横に腰から上だけを倒します。腰が上半身につられて動きやすいので、しっかりと固定して動かさないことが大切です。呼吸を止めず、優雅に動きます。

また、顔の動かし方も意識しましょう。アロンジェ（腕を伸ばす）をしたら、手の方向に顔を向け、上半身を倒し始めたら自然と床を見ます。このとき、首に力が入っていると肩が上がってしまったりと不自然な姿勢になってしまいますので、基本姿勢を崩さないことがポイントです。バレエでは、顔が正しい角度で正しい方向を向くことで、その動きがより美しく見えます。体の動きと同時に、顔の動かし方もしっかりと覚えましょう。

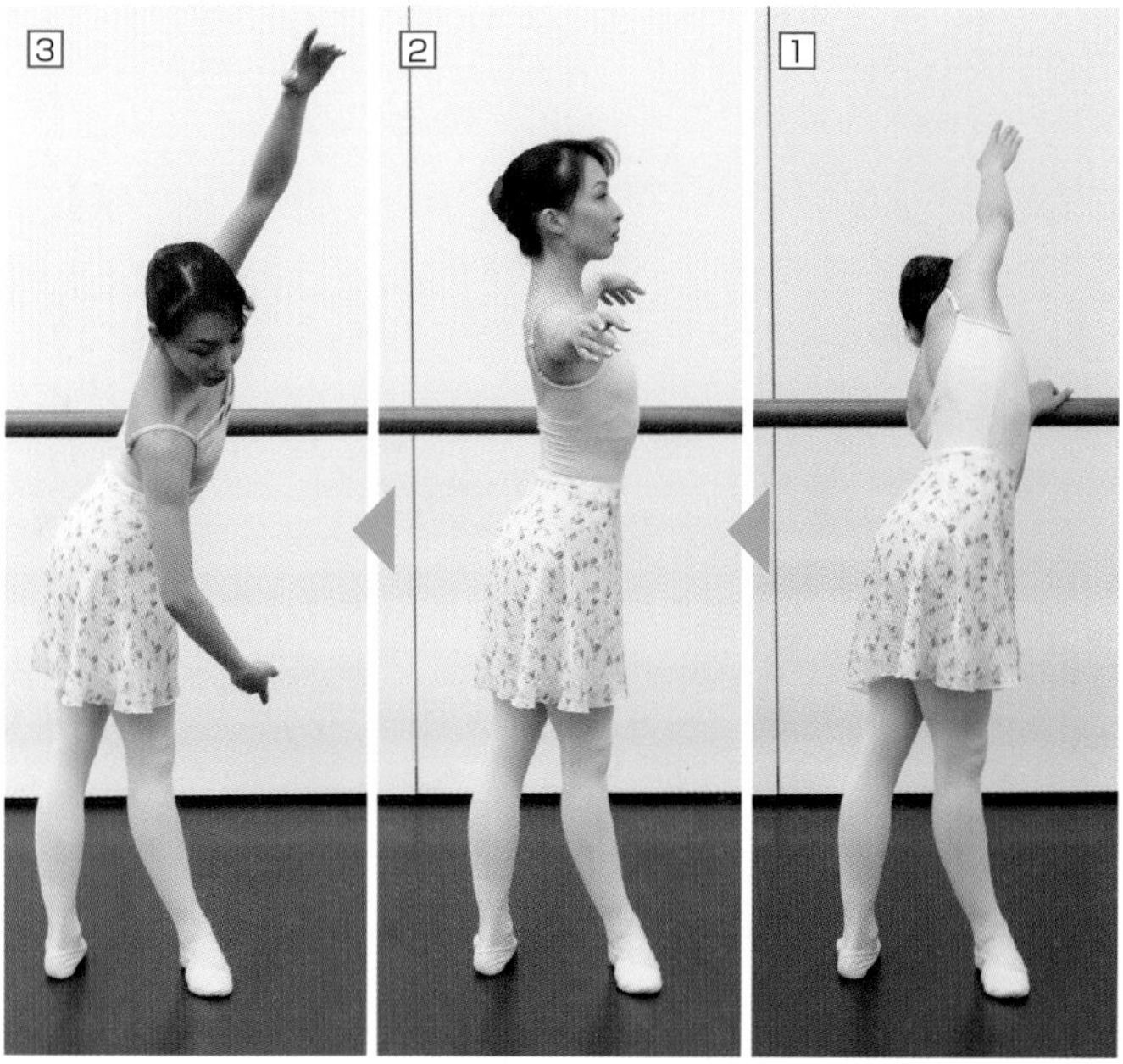

左右

腰から上だけを左右に倒す

腕は、アン・オーを通ってバー側に倒す。それに合わせて上半身をバー側に倒す1。起き上がり2、バー側の腕をアン・オーに、バーと反対側の腕は、アン・バーにして、腕と上半身を反対側へ倒す3。体を倒したら、自然と床を見る。

ここがポイント

フル・ポール・ド・ブラも練習する

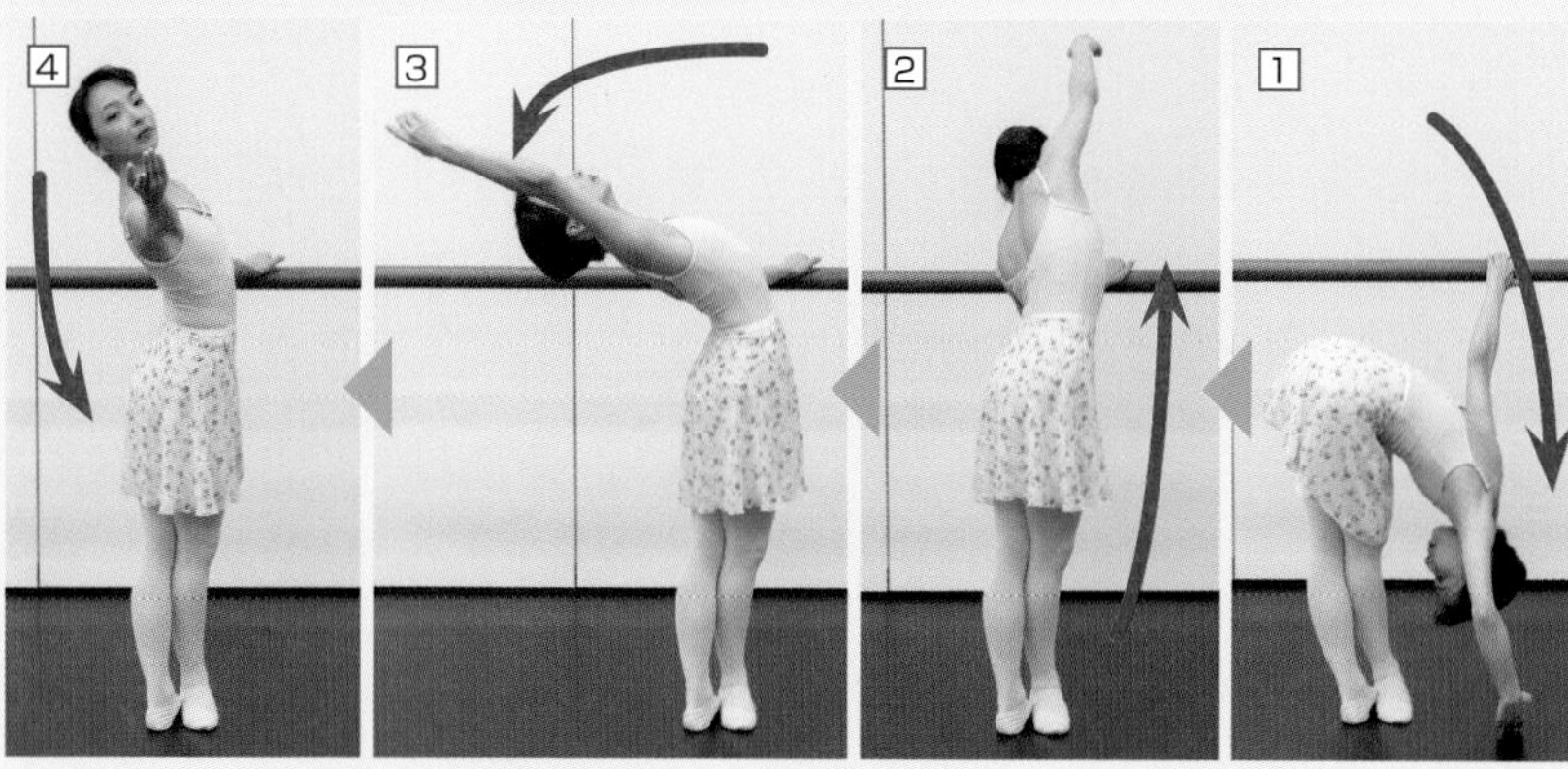

POINT09で紹介した前後のポール・ド・ブラと、このページの左右のポール・ド・ブラを続けて、前後左右に続けて上半身を倒す動きを「フル・ポール・ド・ブラ」と呼ぶ。続けて行っても、要領は同じ。軸を意識しながら、上半身を倒す。

POINT 11

足先をストレッチしながら使い方を覚える

バットマン・タンデュ1（ハーフ・ポアントとフル・ポアント）

バットマン・タンデュとは

タンデュは、軸足は動かさず、動作足で床をするようにして、前後左右に足を動かすこと動きです。

一般的には、ゆっくりなテンポの曲で1番の足から動かす練習と、早めのテンポで5番の足から動かす練習の2通りが行われますが、ここでは、足の使い方を覚えるためのレッスンを行います。

1番から、バーと反対側の足を、ハーフ・ポアント、フル・ポアント、ハーフ・ポアントと動かします。ハーフ・ポアントではしっかりと指を折りましょう。また、フル・ポアントでは、足の甲が伸びていることを意識します。

1番から6番に足のポジションを変えるレッスンでは、股関節を柔らかく保つことができます。

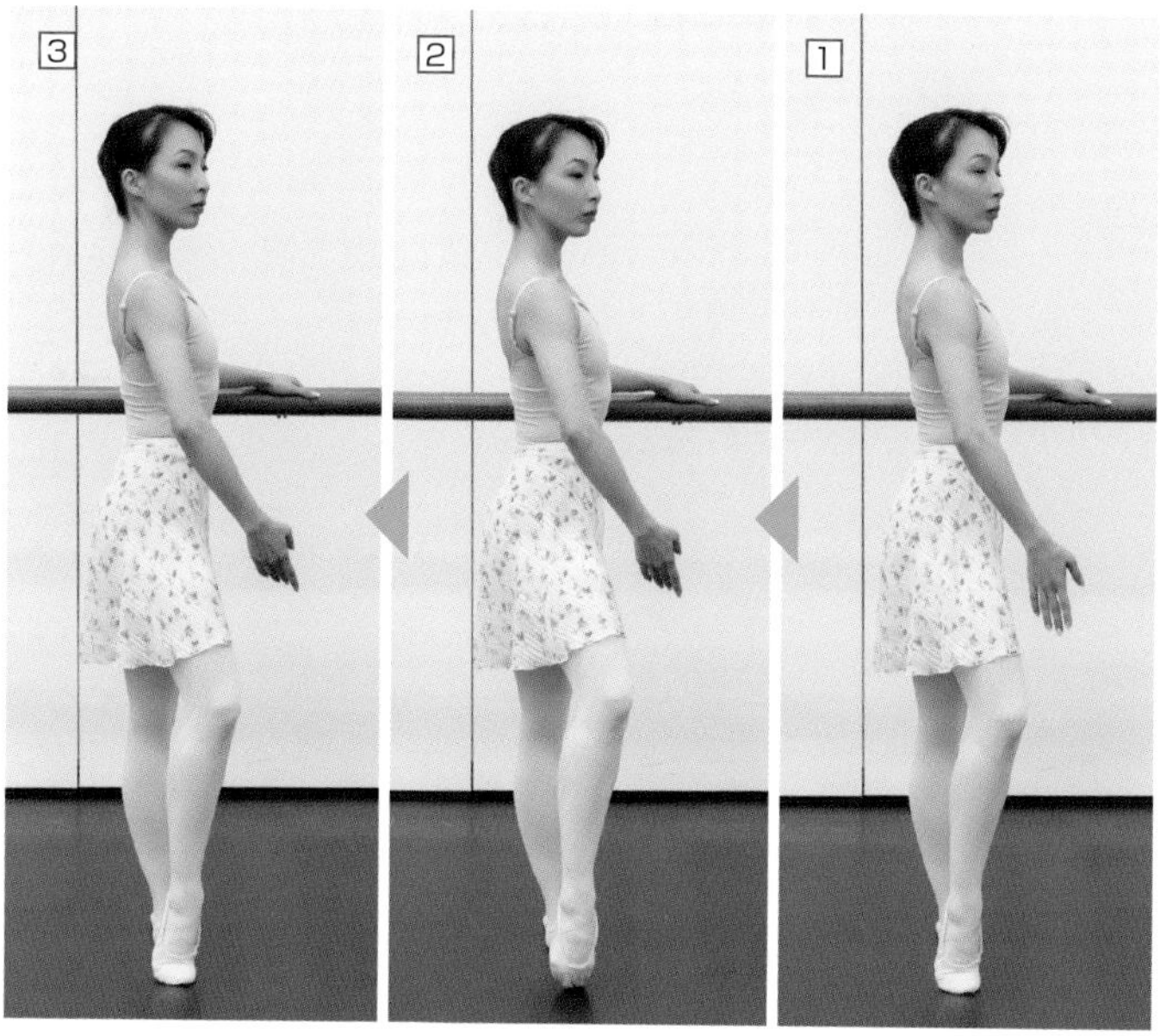

1番

ハーフ、フル・ポアントを繰り返す

1番ポジションで、バーと反対側の足（動作足）をハーフ・ポアントにする1。その後、カカトをさらに上げてフル・ポアント2。またハーフ・ポアントに戻る3。この動きを4セット行う。右足が終わったら、反対側を向いて左足も行うこと。

ここがポイント 股関節を柔らかくするための運動で ヒザとツマ先を同じ方向に向ける

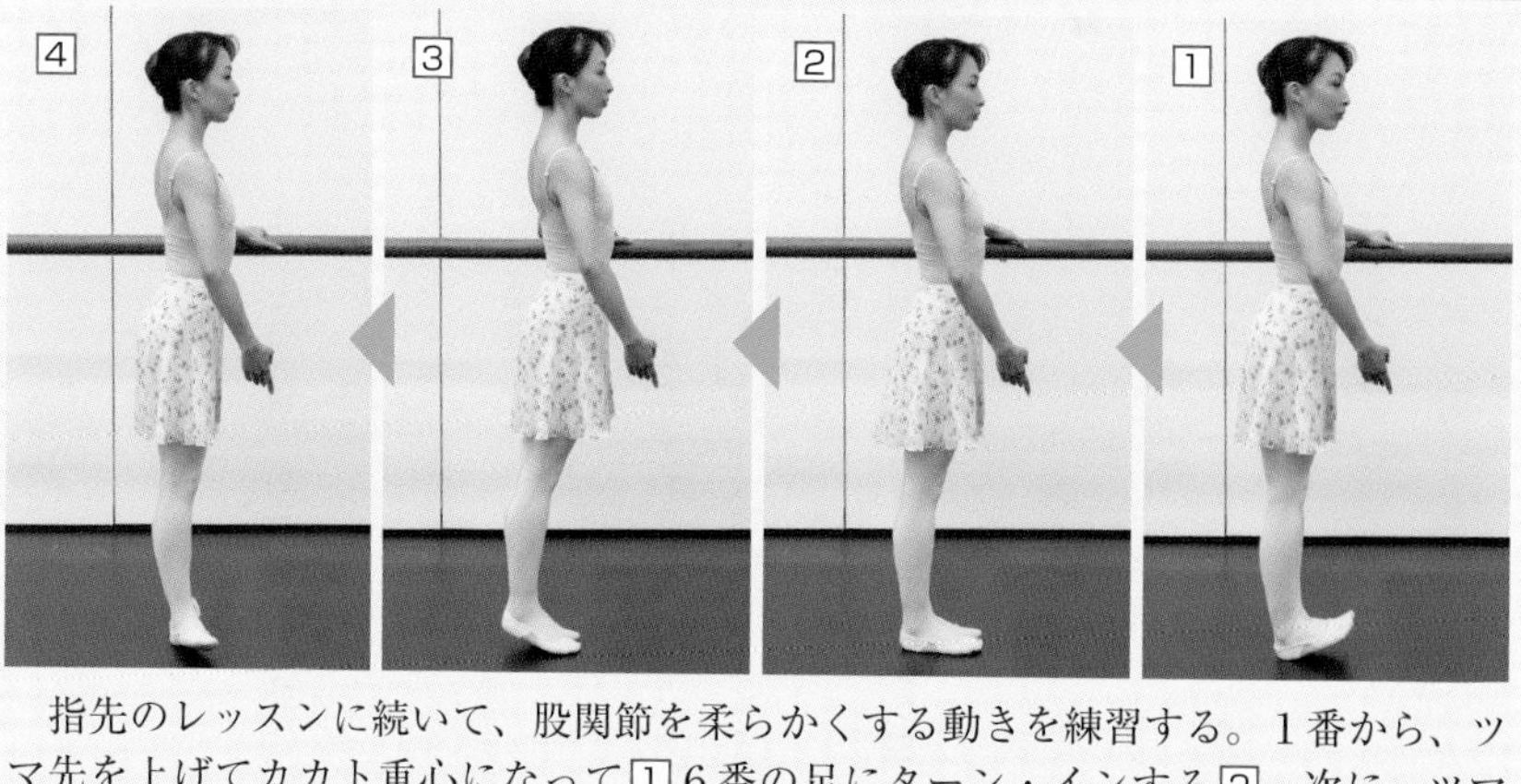

指先のレッスンに続いて、股関節を柔らかくする動きを練習する。1番から、ツマ先を上げてカカト重心になって1 6番の足にターン・インする2。次に、ツマ先に重心を置いてカカトを上げる3。その後、ツマ先を上げて、1番に足のポジションを一気にターン・アウト4。このとき、ヒザとツマ先を同じ方向に向けることが大切。

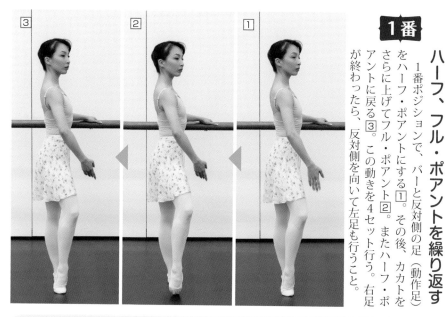

POINT 12

骨盤を床と平行に保ってターン・イン

バットマン・タンデュ2（前・横・後ろでターン・イン）

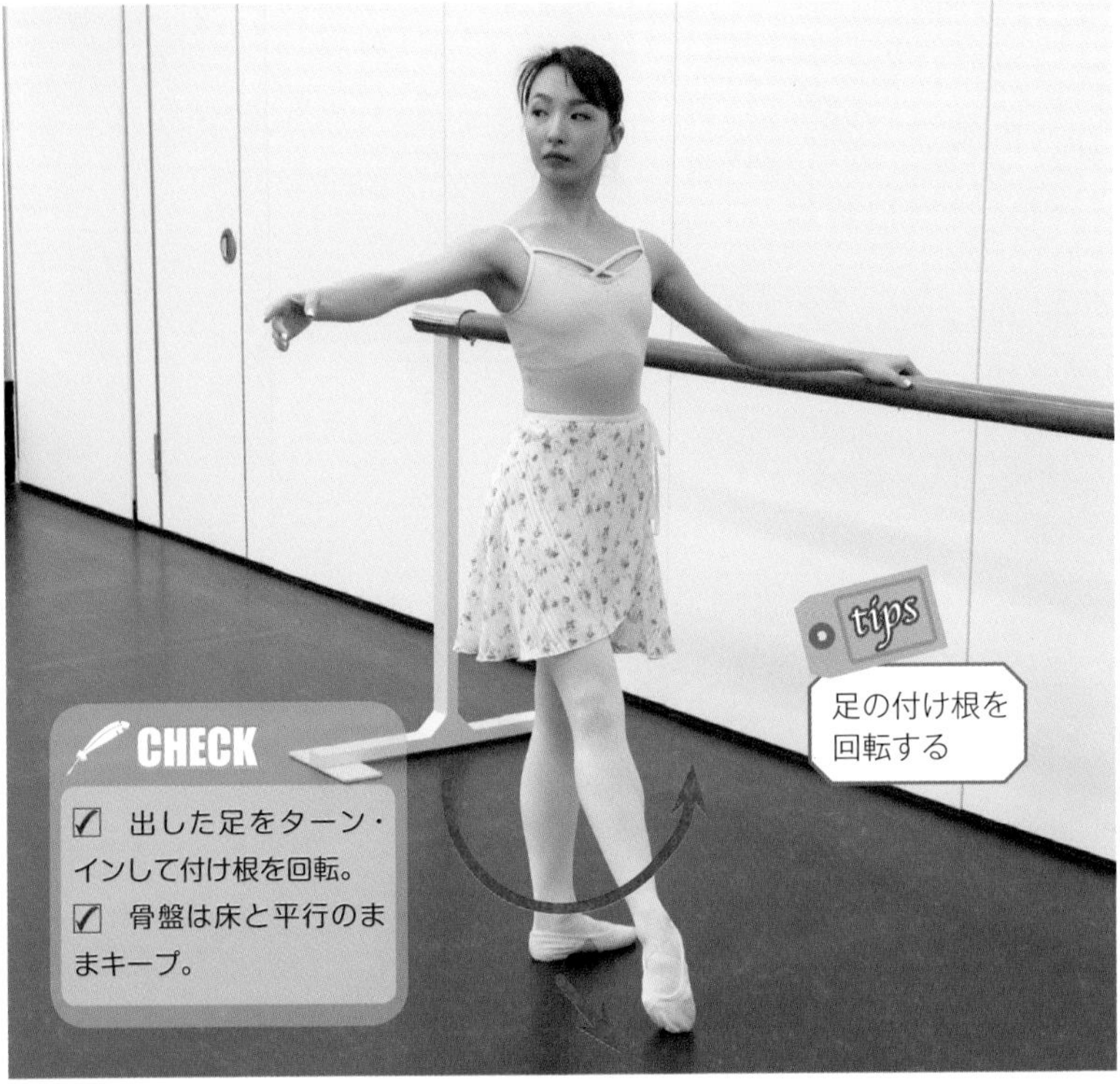

タンデュでターン・イン

足を前、横、後ろにタンデュし、股関節のストレッチをするレッスンを紹介します。足を出したら、付け根を回転させて、ターン・インします。その後、ターン・アウトして足をアン・ドゥオールした元のポジションに戻します。これを前・横・後ろで行います。

ポイントは、骨盤をバーと直角、床と平行にしたまま足を動かすことです。骨盤の位置をキープしたまま、足を出しましょう。

また、足の動きに合わせて、顔をつけることも忘れずに。前と後ろに足を出した場合には、自分の手のひらの先を見るようにナナメ前を向き、横に足を出したときは正面を向きます。

股関節の柔軟性を保つことは、バレエを踊る上で非常に重要です。バー・レッスンからストレッチを行い、可動域を広げましょう。

1番

タンデュした足の付け根を回す

1番から、ドゥミ・ポアントを通って足を出す①。ツマ先が伸びる位置まで出したら、足の付け根を入れ替えるようにして、ターン・インする②。その後、付け根から回して、ターン・アウトして1番に戻す③。前、横、後ろと順番にこれを繰り返す。

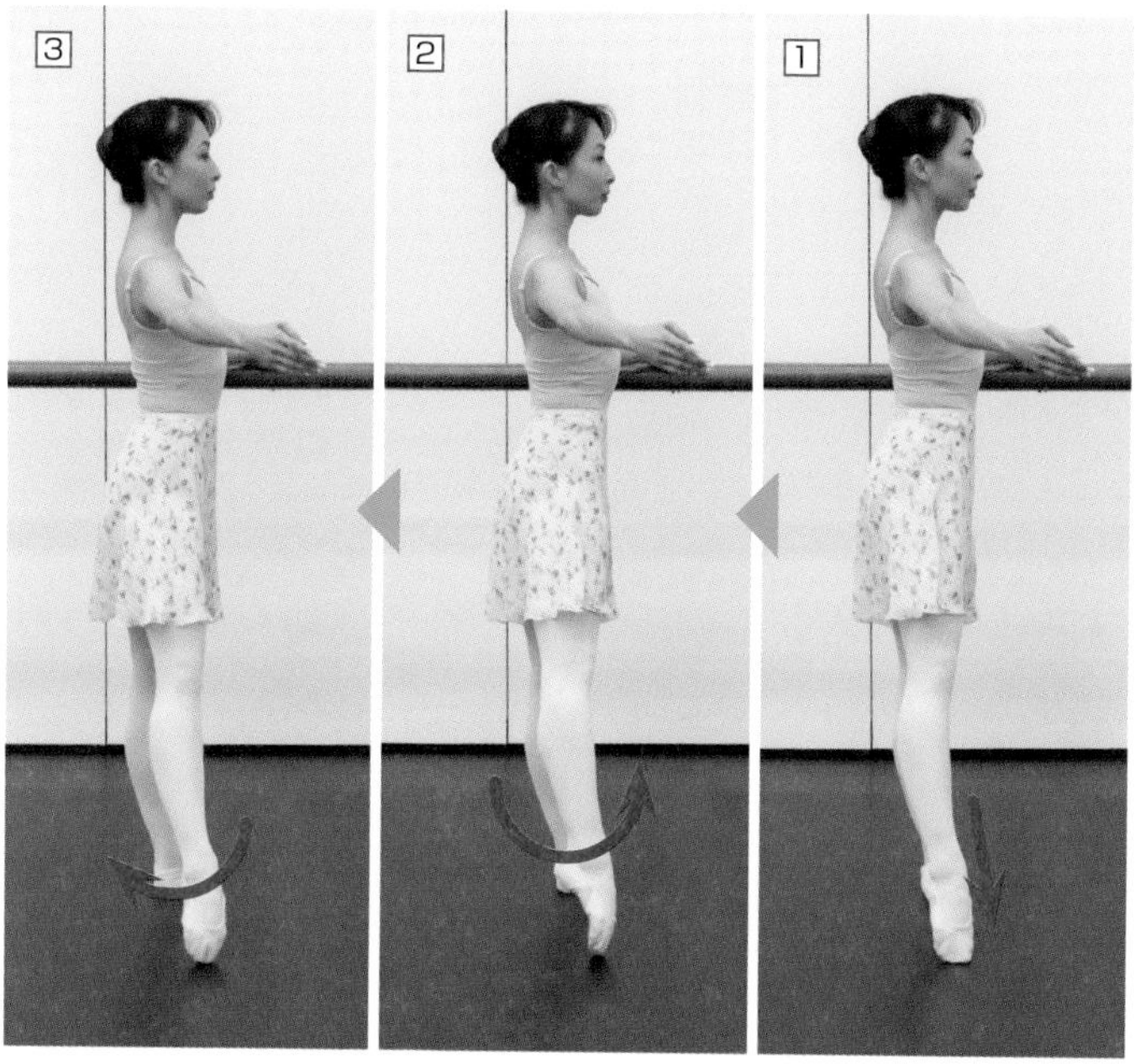

ここがポイント　足を動かしても骨盤は床と平行のまま

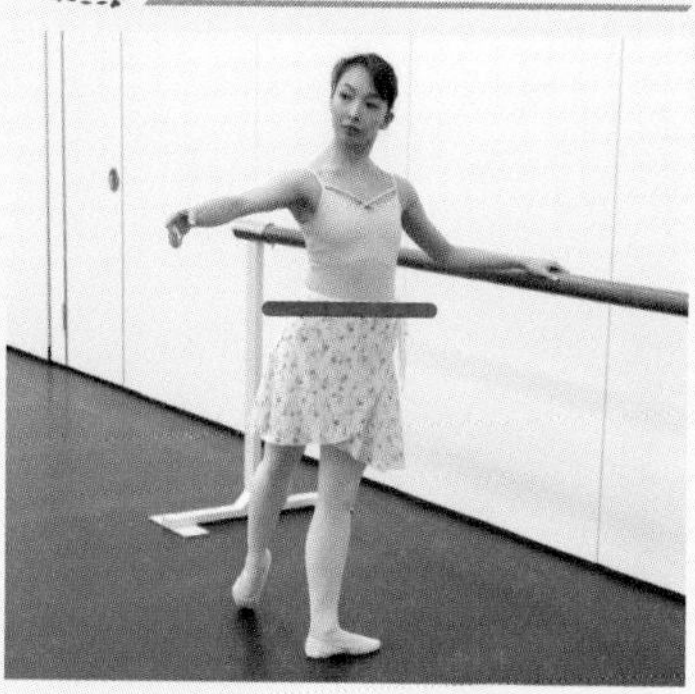

足を動かしても、骨盤はバーと直角、床と平行を保つことが美しく見せるポイント。タンデュに限らず、他のレッスンでも、骨盤を動かさずに足を動かすことは非常に重要となる。

ここがポイント　足の付け根を回転してターン・インする

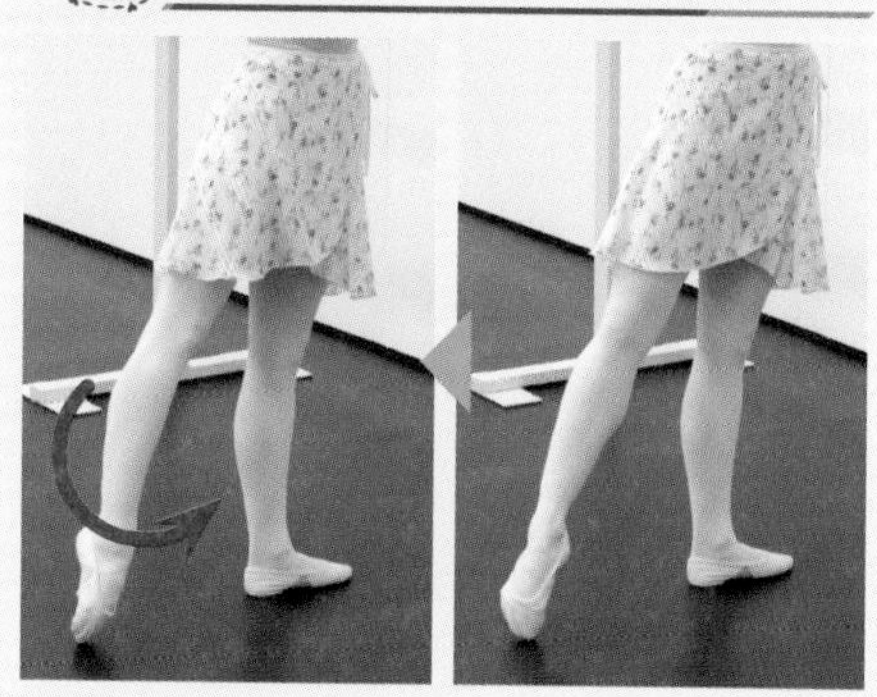

足を付け根から回転させるようにして、ターン・インする。しっかりと入れ替えたら、元のポジションに戻す。これは股関節を動かす練習。股関節以外の、体の軸や骨盤は動かしてはいけない。基本姿勢は保ったまま、足だけを動かすことが大切。

POINT 13

タンデュから足を上げる

バットマン・ジュテ（前・横・後ろ）

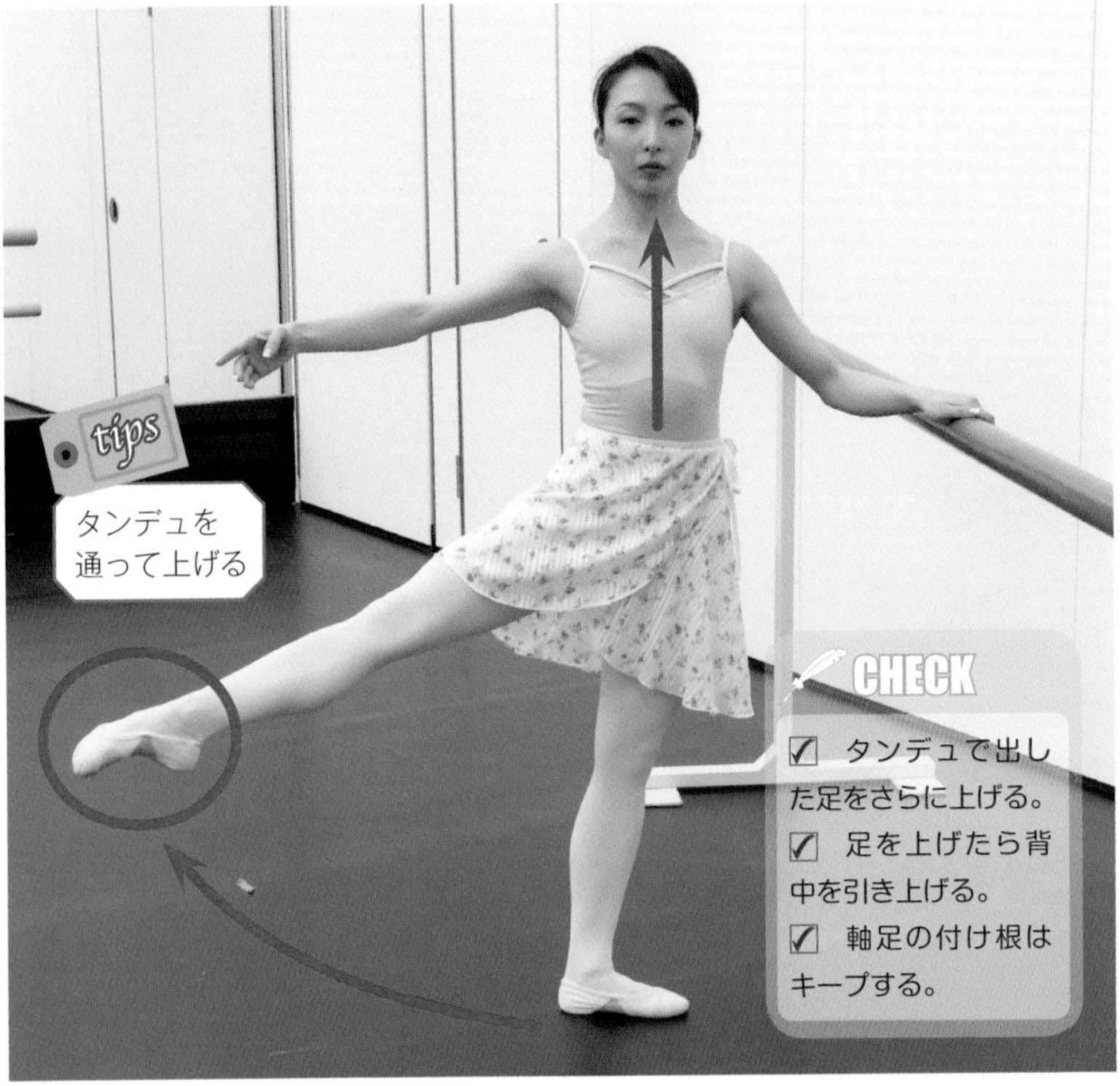
tips
タンデュを
通って上げる
CHECK
✓ タンデュで出した足をさらに上げる。
✓ 足を上げたら背中を引き上げる。
✓ 軸足の付け根はキープする。

バットマン・ジュテとは

タンデュからさらに足を出し、ツマ先を床から浮かせる動きを、バットマン・ジュテと言います。「ジュテ」と呼ばれる動きには、このページで紹介した動きのほかに、ジャンプを伴う動きもありますが、通常、バー・レッスンでジュテといった場合には、ここで紹介した動きを指します。

ジュテは、「投げる」という意味の単語で、その言葉通り、足を素早く、一気に出します。一瞬、足を止めた後、タンデュを通って戻します。

床から足が離れたら、背中を引っ張り上げるイメージで軸をキープすることが大切です。出した足に引っ張られ、軸足の付け根が動いてしまいがちなので、体は動かさないように注意しましょう。

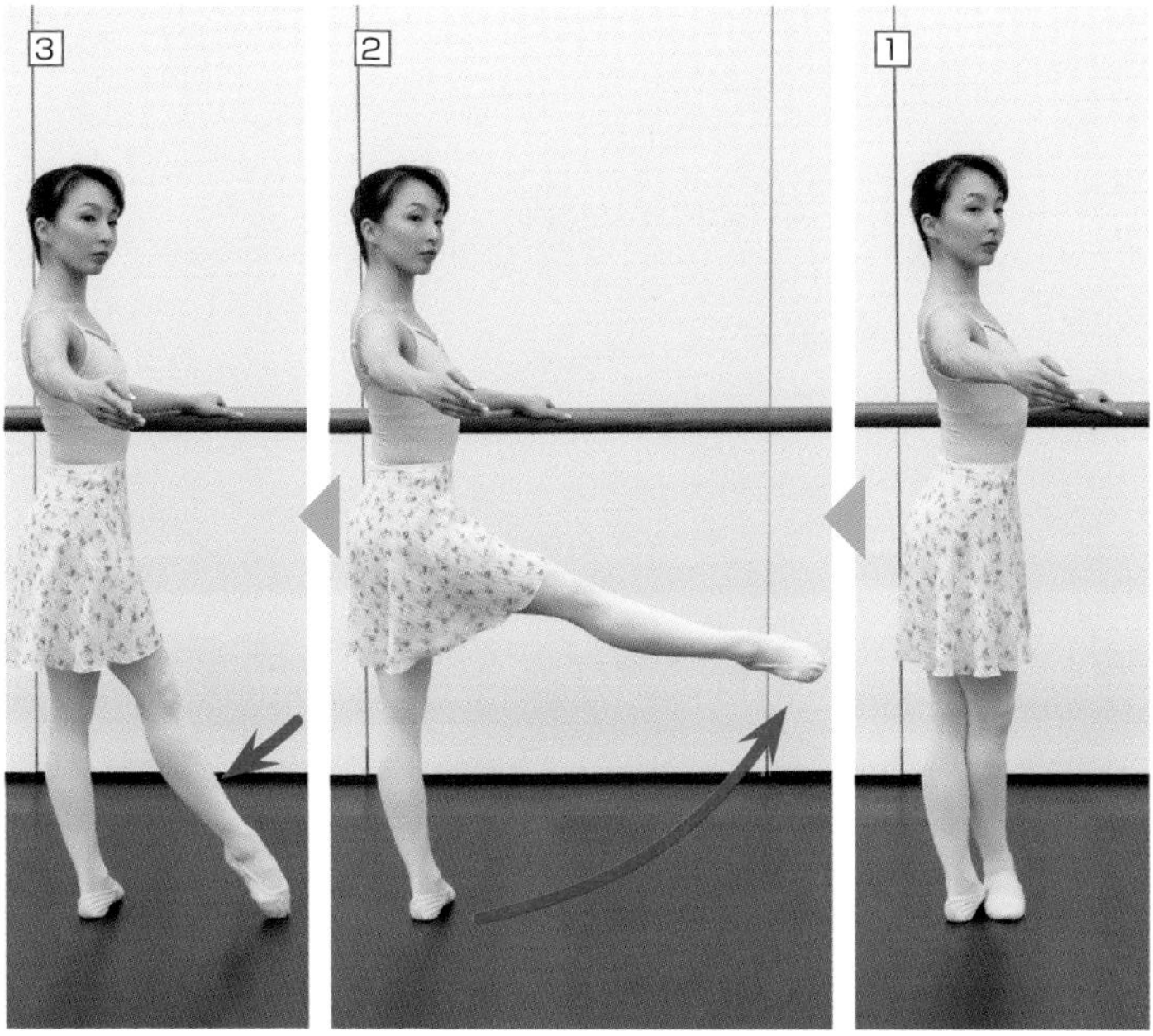

前

タンデュを通って足を前に上げる

前5番のポジションで、プレパレーション（準備）をしたら1、ツマ先で床をするようにしてタンデュを通って、足を前に上げる2。足を空中で浮かせた状態を一瞬キープしたら、タンデュを通って足を戻す3。

Advice 上げた足をフレックスにして足裏を伸ばそう

ジュテを前、横、後ろと行うだけでなく、足を出してからフレックスにする動きを組み込んでも良いだろう。フレックス（足首を曲げる）にしたら、ヒザを前に出し、足裏を伸ばそう。

ここがポイント タンデュを通って上げて タンデュを通って戻す

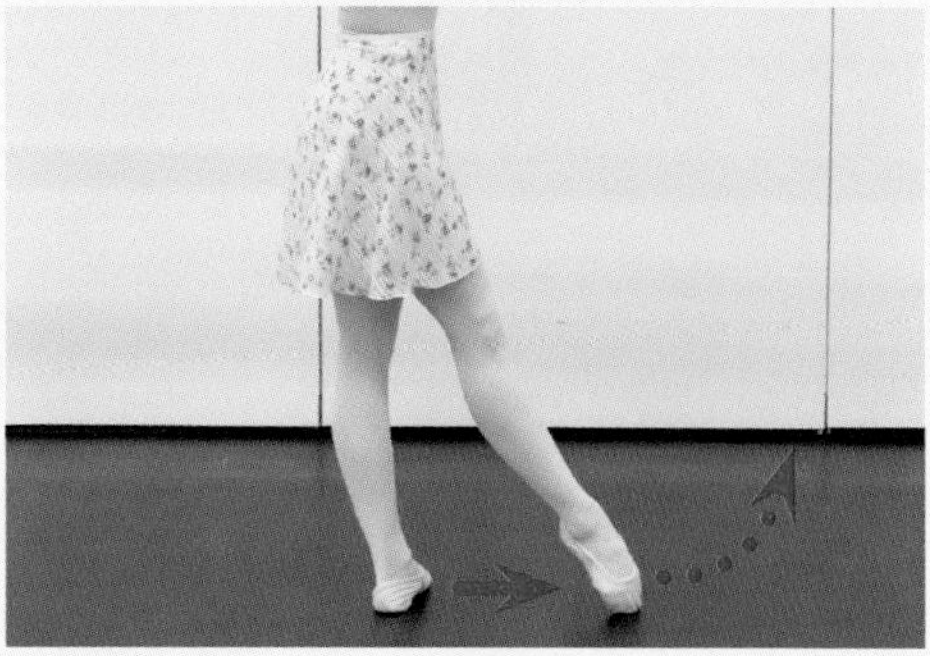

ジュテは、足をただ上げる動きではなく、タンデュからさらに足を出す動き。そのため、出すときも戻すときもタンデュを通過する。そして、この動きを素早く行うには、床をこするイメージで、足を動かすと良い。

横

タンデュを通って足を横に上げる

前5番のポジションから1、タンデュを通って横に出す2。空中で足を見せてから、タンデュを通って、後ろ5番に足を戻す3。ジュテを続けて行う場合には、後ろ5番から出し、前5番に戻す。顔は正面を向ける。

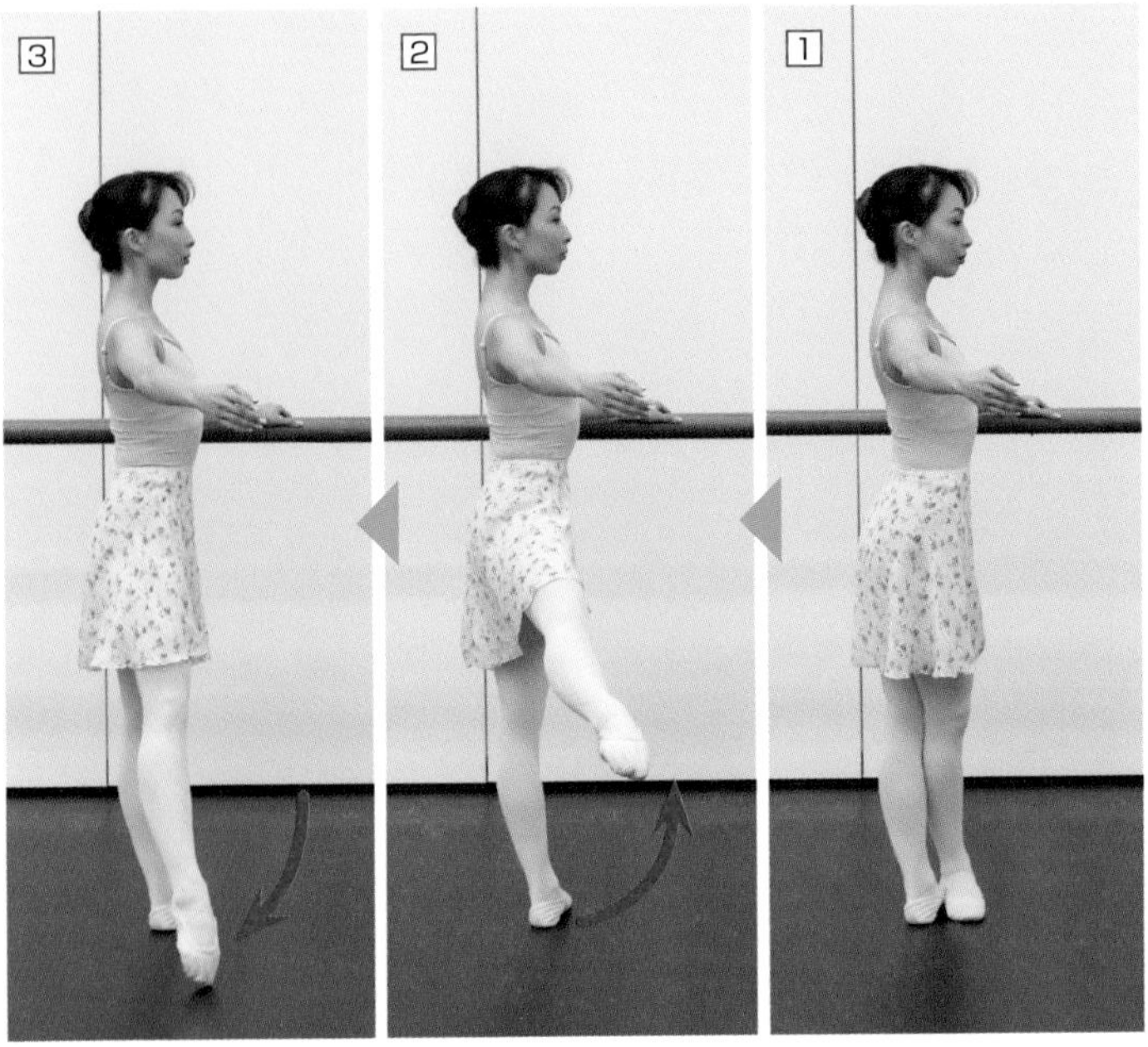

Advice 首の力を抜いて自然と顔をつける

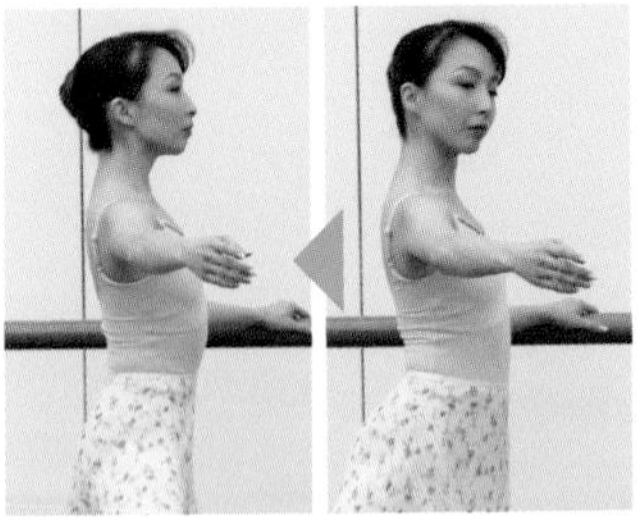

顔は前と後ろに足を出すときは、ナナメ前（手のひらを見る）、横に足を出すときは正面を向く。首に力を入れると、顔をつけることができないので、肩から上に力を入れないことを忘れずに。

ここがポイント 足を出したら背中をさらに引き上げる

足を出すことで上体が足に引っ張られ、姿勢が崩れてしまいやすいので、足が上がった瞬間に軸足を引き上げる。背中から引っ張られるような意識を持って、軸をキープすることで、基本姿勢を保つことができる。

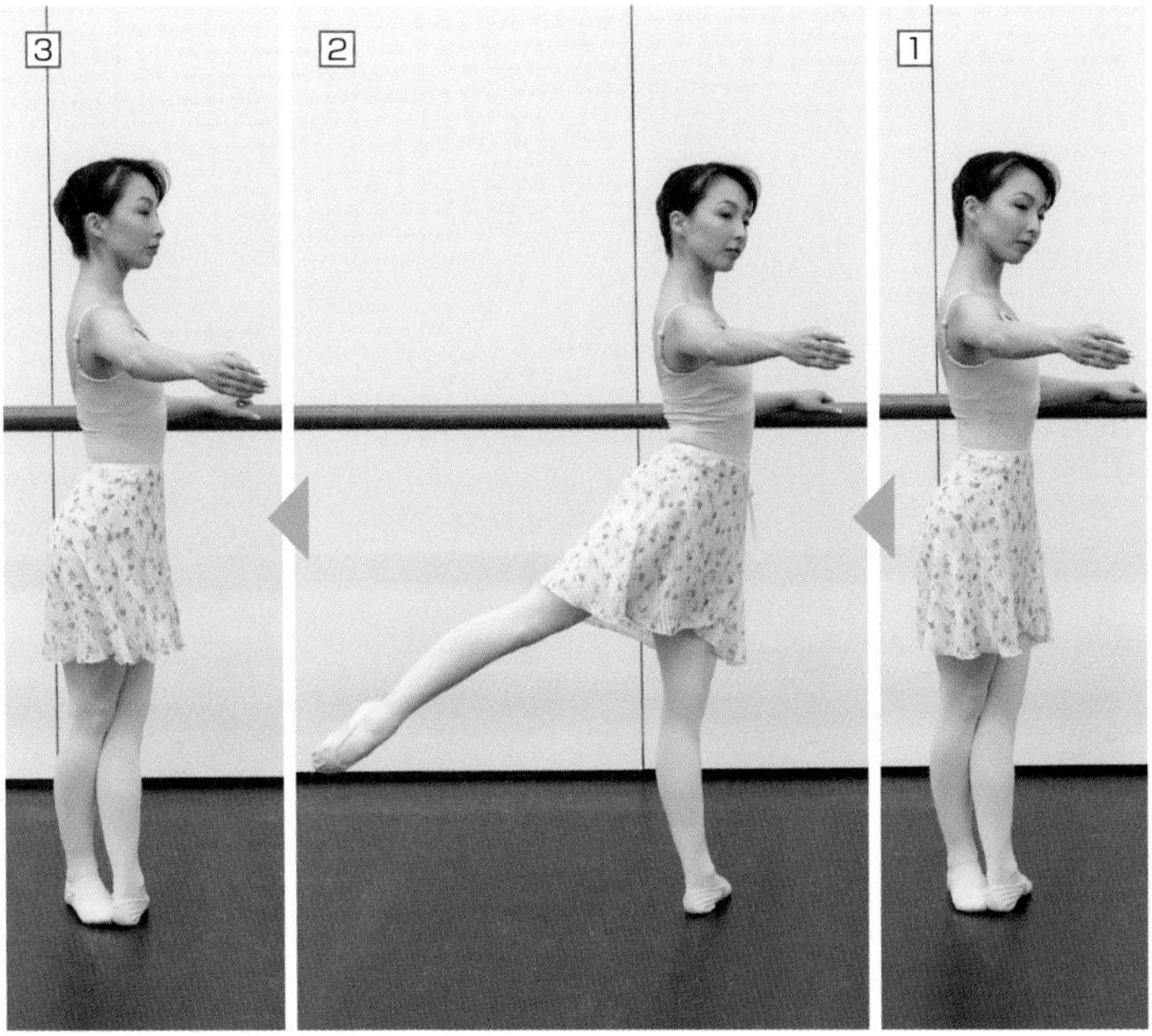

後ろ

上体は動かさずに足を上げる

前、横と同様に、後ろ5番から1タンデュを通って後ろに足を上げる2。空中で一瞬、足をキープした後、後ろ5番に足を戻す3。上体は動かさず、基本姿勢を保ったまま、一連の動きを行う。顔は自然とナナメ前を見る。

ここがポイント

軸足の付け根はキープしたまま足を上げる

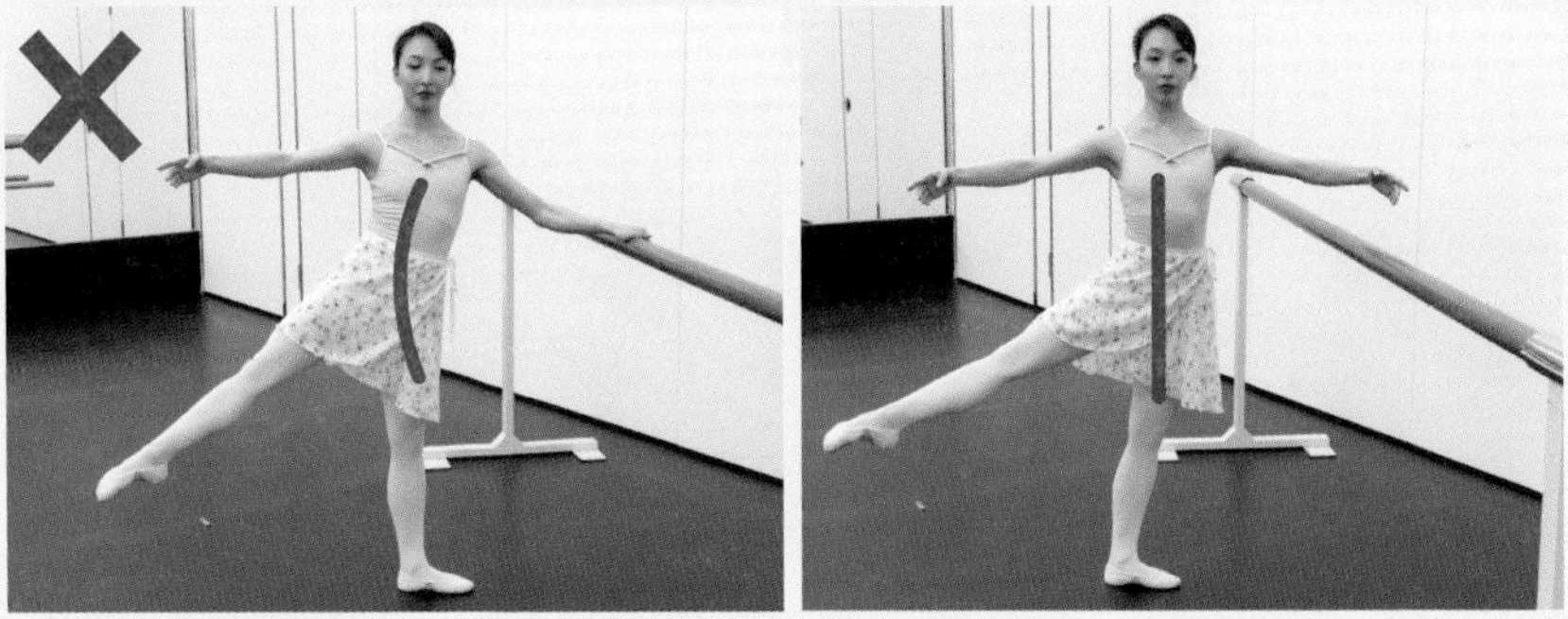

軸足の付け根は動かさず、体を真っ直ぐに保つ。出した足に体が引っ張られ、軸足の付け根が動いてしまうと、基本姿勢が崩れてしまう。姿勢が崩れると、バーにしがみついてしまい、センターでのレッスンで同じ動きができなくなってしまう。バーには手を置くだけと考え、手を離してもバランスが保てるよう意識してレッスンを行おう。

POINT 14

コンパスのように足で半円を描く

ロンド・ジャンプ・ア・テール（アン・ドゥオール、アン・ドゥダン）

CHECK

☑ コンパスになったイメージで足を動かす。

☑ 基本姿勢をキープする。

☑ 空中で半円を描く「アン・レール」も流れの中に組み込んで練習する。

ロンド・ジャンプ・ア・テールとは

伸ばした足を付け根から動かし、ツマ先で半円を描くように動かす動きをロンド・ジャンプ・ア・テールと呼びます。ロンド・ジャンプ・ア・テールには、アン・ドゥオール（外回し）とアン・ドゥダン（内回し）があり、レッスンでは続けて行います。また、足を上げて半円を描くアン・レールもロンド・ジャンプの曲に組み込んで練習するのが一般的です。

バレエは、順番通りにレッスンを行うことで、体をうまく使うことができるように作られています。ですから、どのレッスンにも意味があり、このロンド・ジャンプは、股関節をスムーズに使うために行います。

ポイントは、基本姿勢を崩さないこと。足を大きく動かそうとして、骨盤が動いて体が傾いてしまいがちです。骨盤と肩は平行のまま、コンパスをイメージして足を動かします。

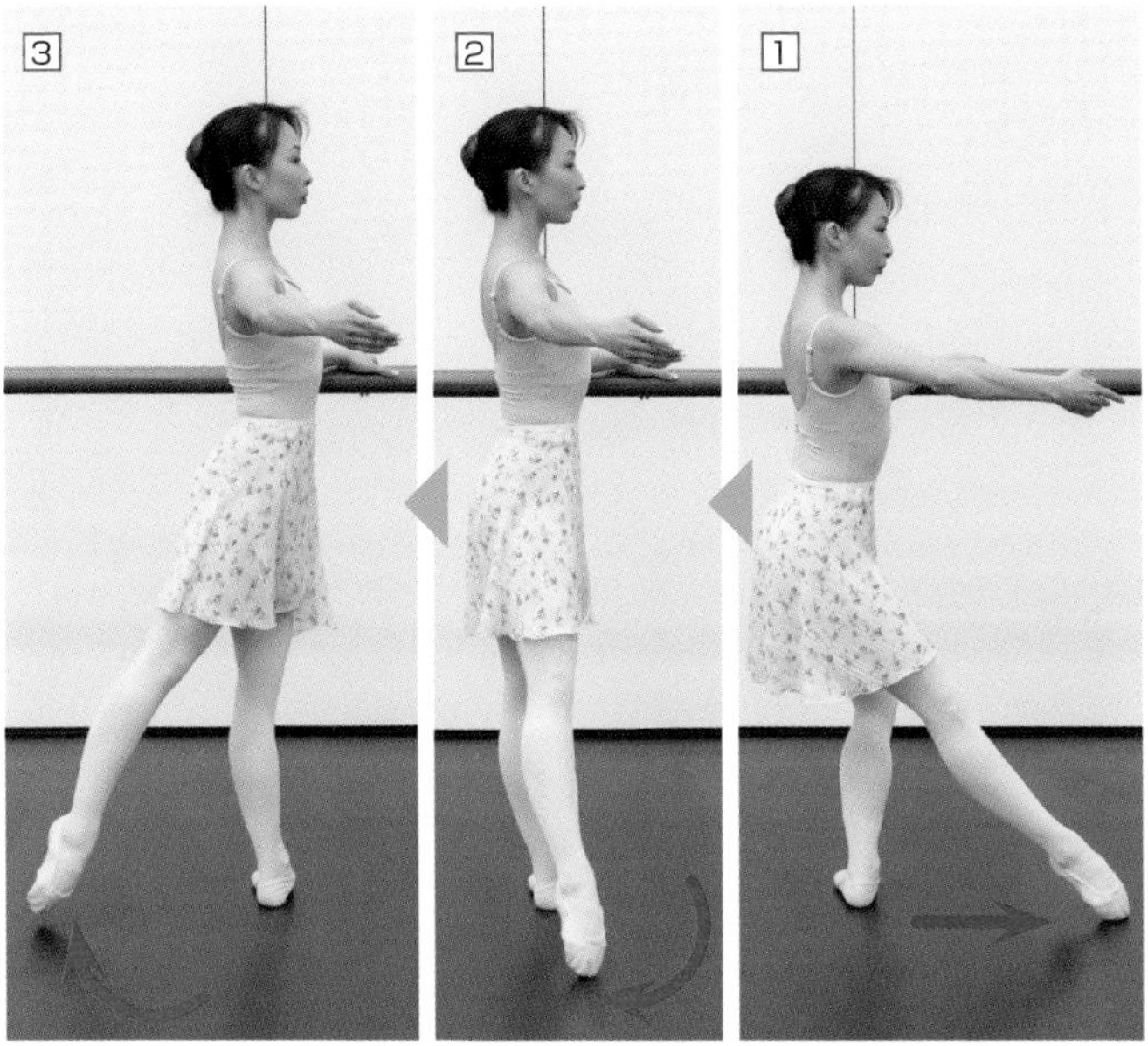

アン・ドゥオール

外回りで半円を描く

プレパレーションで、軸足をプリエし、動作足を前にタンデュしてスタートする1。横のタンデュ2、後ろのタンデュを通って3、1番に戻す。レッスンでは、前、横、後ろとそれぞれ止めて動いた後に、続けて足を回すと半円を意識しやすい。

ここがポイント

コンパスになったイメージで美しい半円を描く

自分の足がコンパスになったとイメージして、ツマ先で半円を描く。このとき、円の径が小さくならないように意識しよう。また、いびつな円ではなく、美しい半円が描けるよう、その軌道にも注意したい。

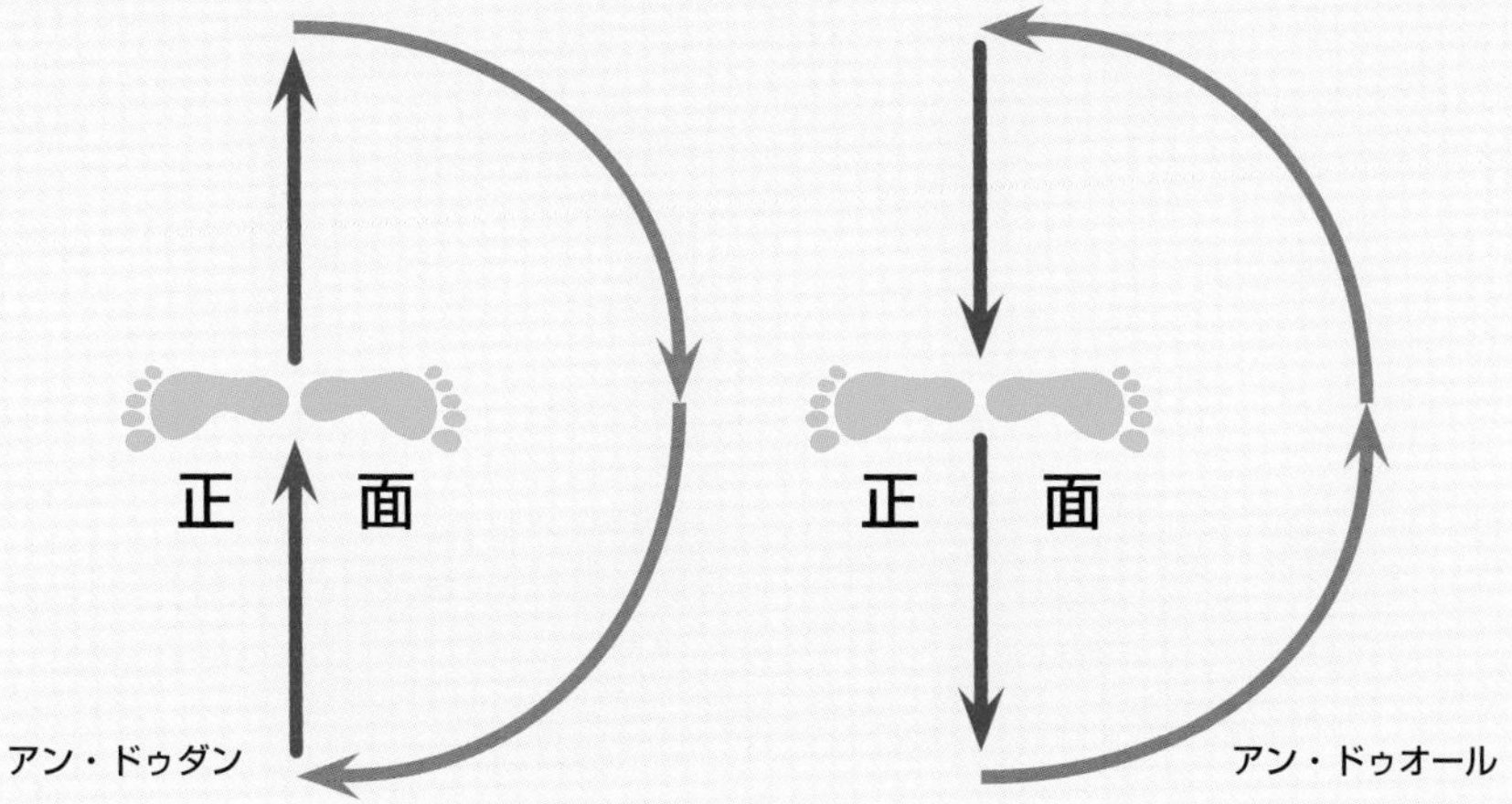

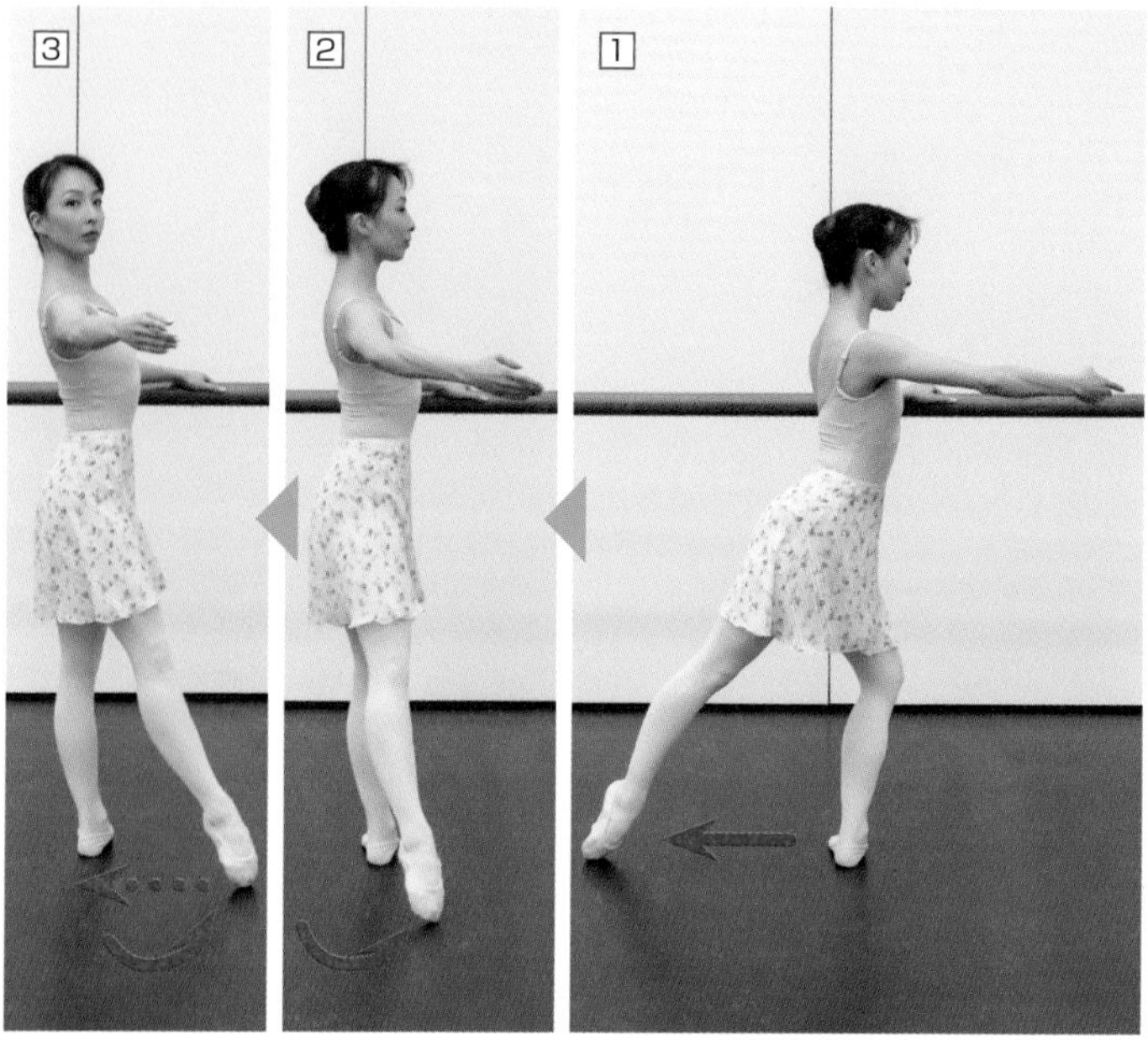

アン・ドゥダン

内回りで半円を描く

アン・ドゥダンは逆回り。1番から後ろ1、横2、前のタンデュ3とツマ先で円を描いて1番に戻す。注意点やポイントはアン・ドゥオールと同じ。どちらの回り方でも美しい半円を描けるように練習しよう。

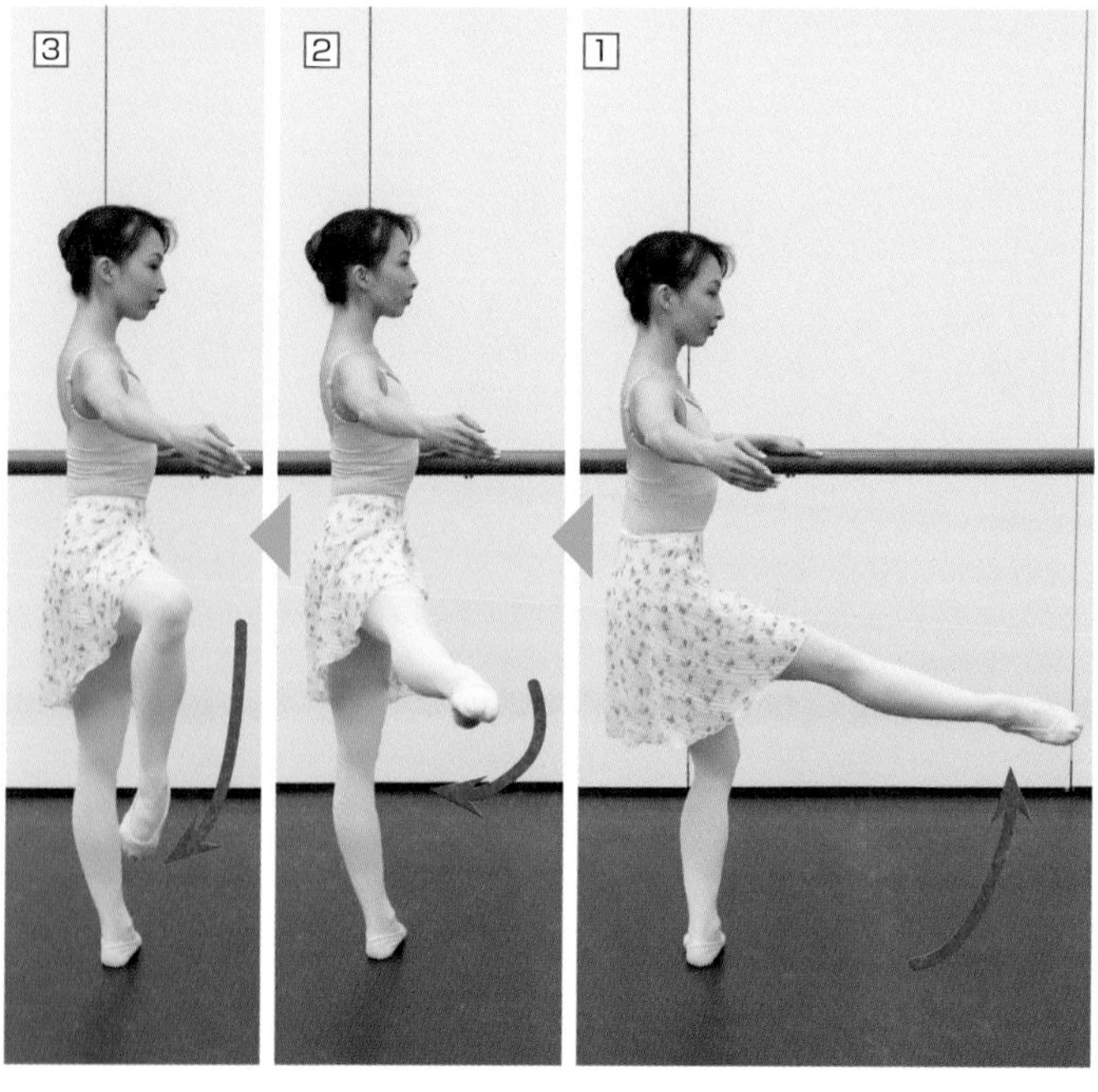

アン・レール

足を上げて空中で半円を描く

足を上げて、空中で円を描く動きをロンド・ジャンプ・アン・レールと呼ぶ。アン・レールには、このほかに、POINT17で紹介するヒザ下を使って円を描くものもある。ここでは、上げた足を前1から横まで回したら2、パッセ、ク・ド・ピエを通って終える3。

ATTENTION

骨盤を立てて腰を伸ばす

骨盤が傾いてしまうと、写真のように腰が後ろに突き出た姿勢になってしまう。骨盤を立て、腰を曲げないことが大切だ。

ここがポイント

足を上げても回しても基本姿勢をキープする

動作足を動かすと、それにつられて股関節が動いてしまったり、上体が動いてしまいやすい。動作足は足の付け根から動かすことを意識しよう。つちふまずに軸を感じていると、体幹を動かさずに足を回転しやすくなる。

ここがポイント

空中で半円を描く「アン・レール」も行う

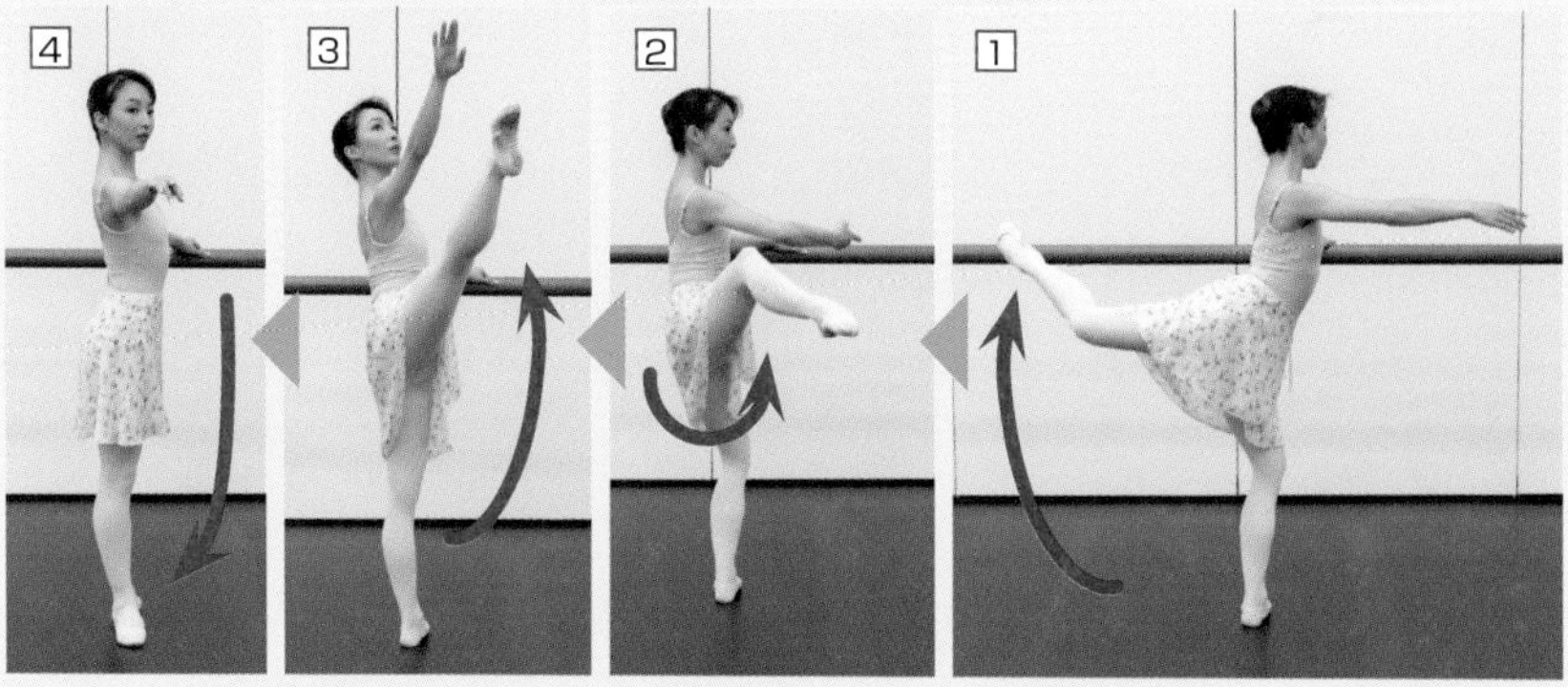

足を上げたまま体の周りに半円を描くアン・レールは、一般的にはロンド・ジャンプ・ア・テールの曲に組み込んでレッスンされる。ここでは、後ろのアティテュード（上げた足のヒザを曲げる）1 から横に回し2、足を伸ばして3、1番に戻す4。

POINT 15

両足のヒザを同時に伸ばす

フォンデュ(前・横・後ろ)

CHECK
上げたアティテュードの足と軸足のヒザを同時に伸ばす。
全身を一つの動きととらえて優雅に動く。
ヒザを耳の横に入れる。
tips
上げたアティテュードの足と軸足のヒザを同時に伸ばす

フォンデュとは

軸足をプリエし、動作足をク・ド・ピエから前後左右のいずれかにアティテュードを通って出します。アティテュードの足が伸びると同時に、軸足のヒザも伸ばします。この一連の動きをフォンデュと呼びます。

フォンデュには「溶ける」という意味があります。その言葉通り、動きが途切れないように、なめらかに動きます。

全ての動きが一つにならないと、踊りにつなぐことはできません。踊りを踊る上で、とても大切なレッスンです。そして、この動きをレッスンすることで、全身の調和を取ることができます。

また、ヒザは常に耳の横の位置にあることを意識しましょう。前に出すぎても、後ろにいきすぎてもいけません。

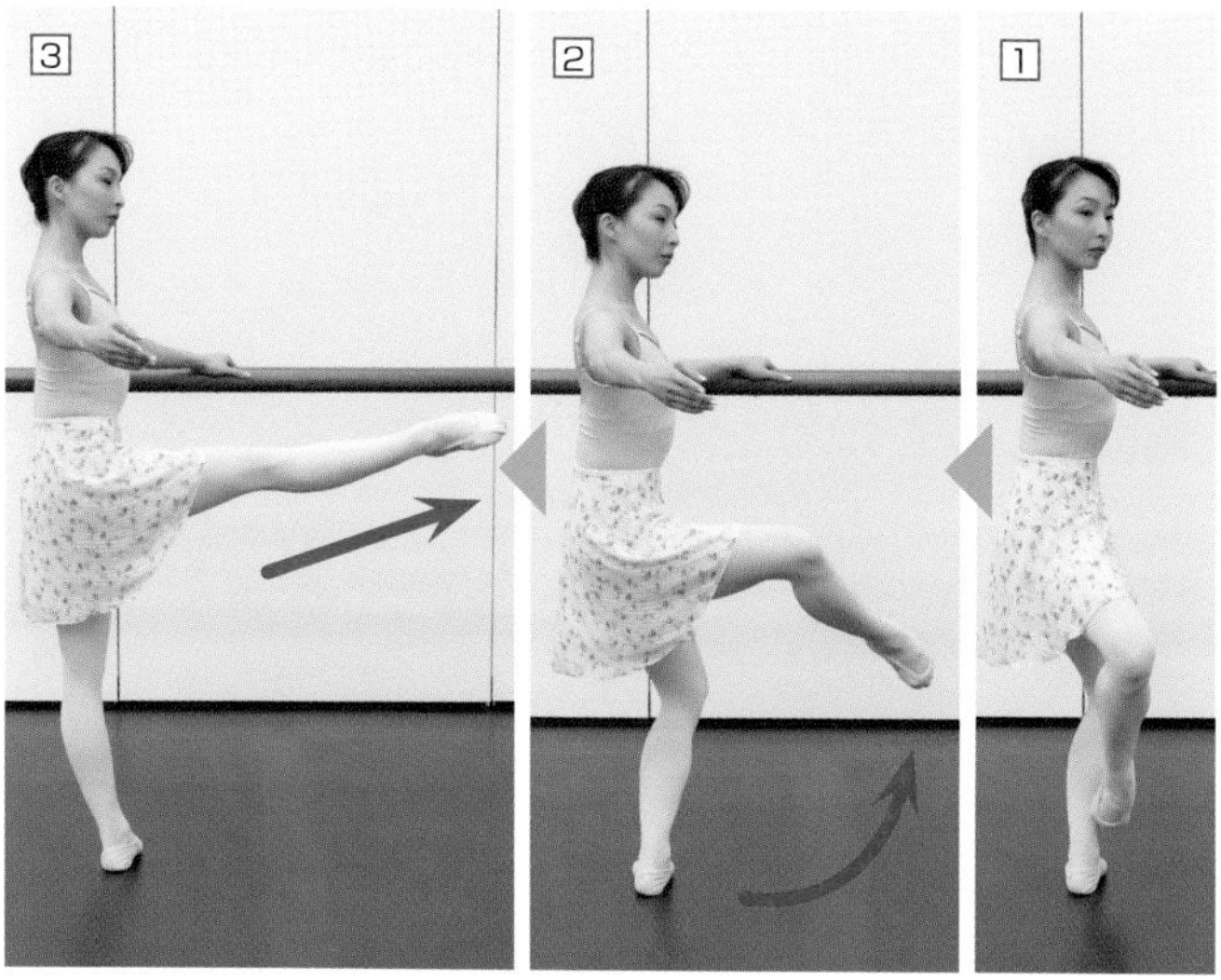

前

両足を同時に伸ばす

軸足をプリエし、動作足をク・ド・ピエにする①。次に、軸足はプリエしたまま、動作足を前のアティチュードに上げる②。その後、両足のヒザを同時に伸ばしたら③、最初の形に戻す。軸を変えず、上体を動かさずに行おう。

ATTENTION

足を動かしても肩は床と平行に保つ

軸足をプリエした際に、肩が抜けて不自然な姿勢になりやすい。肩は床と平行を保ったまま、傾かないように注意しよう。また、バーにつかまった手に力が入ってしまっても、肩の位置が変わってしまうので、手には力を入れない。

ここがポイント

軸足と上げた足のヒザを同時に伸ばす

前、横、後ろのいずれの方向に足を上げる場合も、軸足と上げた足のヒザは同時に伸ばす。つまり、上げた足がアティテュードのときは、軸足もプリエしたままということになる。軸足のプリエを先に伸ばしてしまいがちなので注意しよう。

横

足は前に行きすぎない位置に出す

前に出すのと同じ要領で、動作足を前のク・ド・ピエに位置してから[1]、横のアティチュードに上げる[2]。そして、両足のヒザを同時に伸ばす[3]。足は、ジュテと同じように、5番のツマ先の延長線上に上げる。

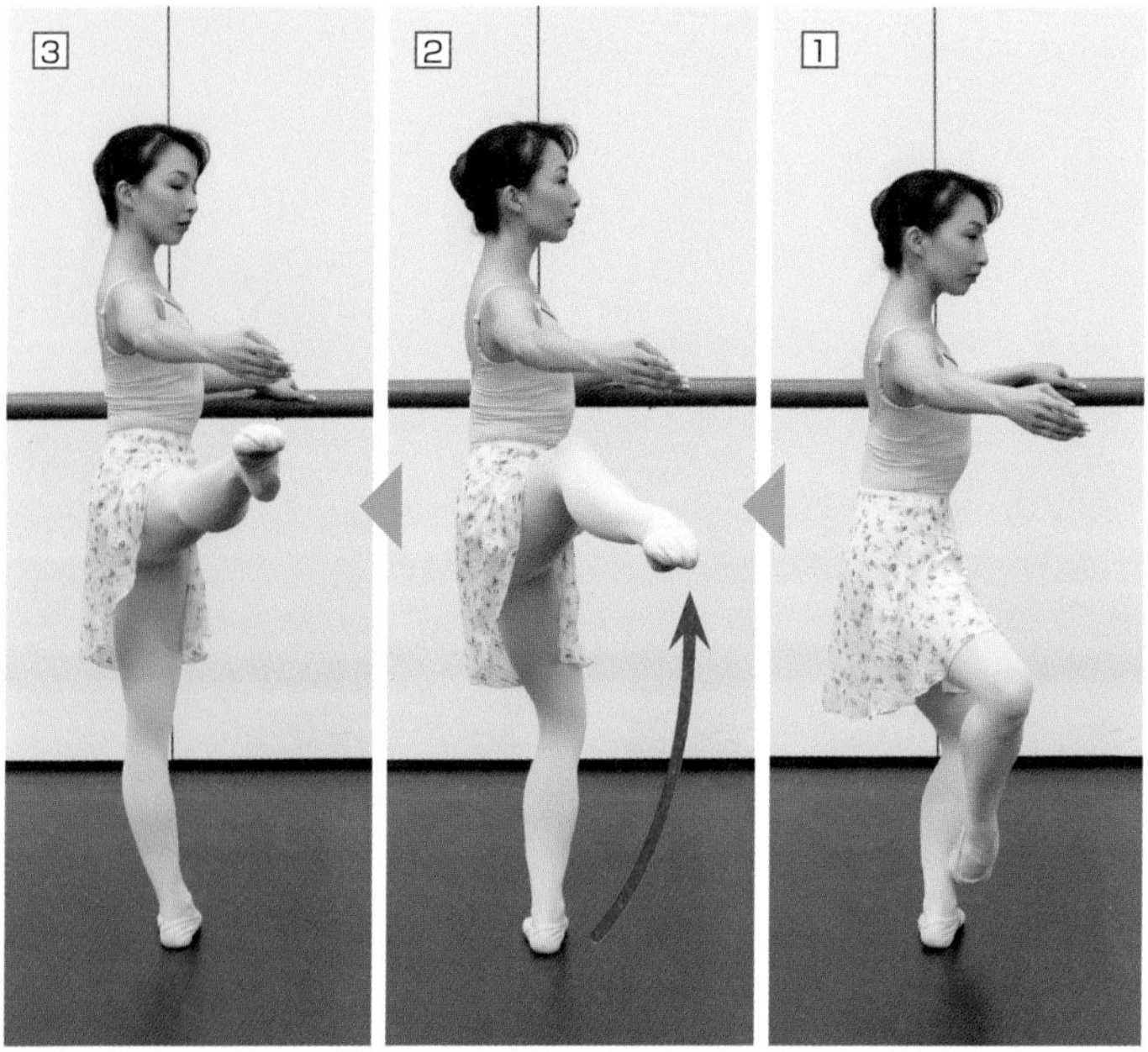

ATTENTION
お尻が抜けて足が内側に入らない

足を高く上げようと思うあまり、お尻が抜けて足が内側に入ってしまいやすい。足を上げたとしても、腰が抜けないことが美しく見せるコツ。骨盤を動かさない努力をしよう。

ここがポイント
全身の動きを連動させ美しく動こう

ゆっくりと、優雅に動くフォンデュは、見た目以上にきつい動きだ。全身をバランスよく使うことで、「踊り」の基礎練習になるとともに、軸の取り方を覚えることができる。体全体を使って踊ることを意識しながら、レッスンしよう。

後ろ

後ろのク・ド・ピエからスタート

横のフォンデュの最後は後ろのク・ド・ピエで終わる1。そのまま、軸足をプリエし、後ろのク・ド・ピエから、後ろのアティテュードに上げて2、両ヒザを同時に伸ばす3。

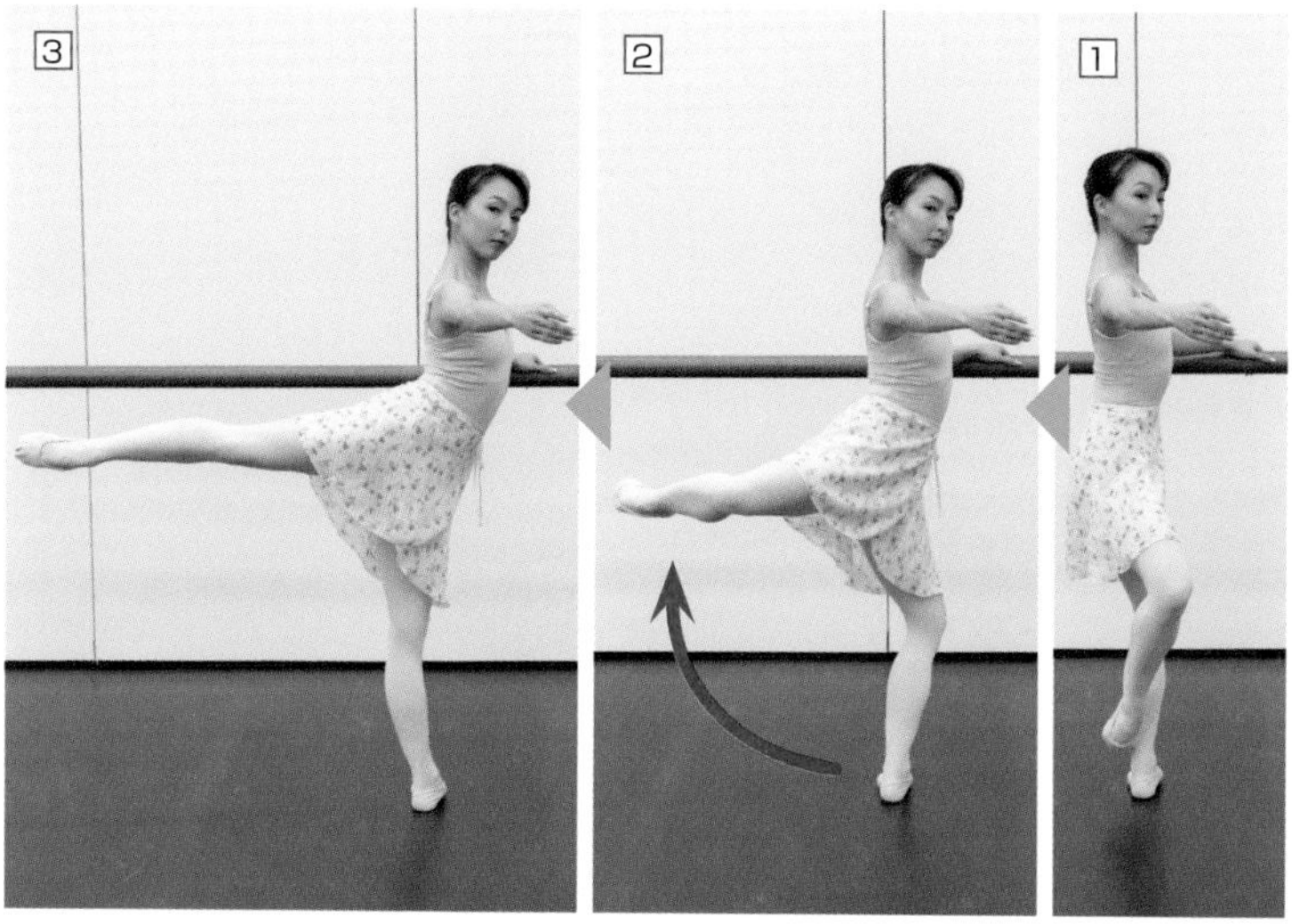

ATTENTION

ヒザは前を向けずにアン・ドゥオール

アティテュードで足を上げたときには、ヒザを外側に向けてしっかりと開く。ヒザが前を向いてしまうと、内またに見えてしまうので注意しよう。

ここがポイント

ヒザの位置は自分の耳の横

横にアティテュードをしたとき、ヒザは耳の横に位置する。耳よりも前にいくと美しいアン・ドゥオールに見えない。また、耳よりも後ろにいくと、負担がかかりすぎてケガの原因にもなる。

POINT 16

ヒザは耳と同じ方向に向ける

フラッペ（前・横・後ろ）

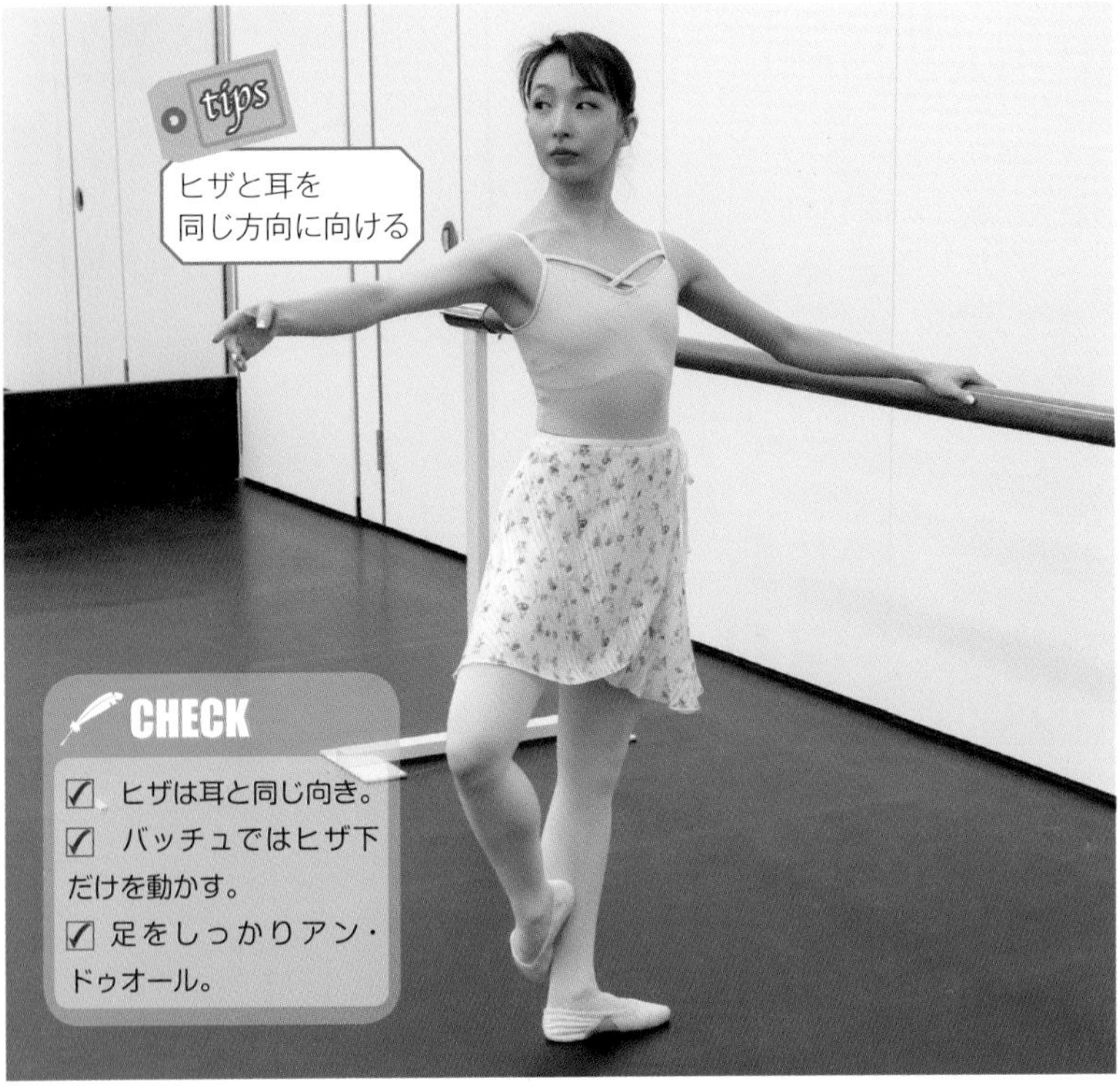
tips
ヒザと耳を
同じ方向に向ける
CHECK
ヒザは耳と同じ向き。
バッチュではヒザ下だけを動かす。
足をしっかりアン・ドゥオール。

フラッペとは

フラッペとは、「叩く、打つ」という意味を持つ単語です。プレパレーションで、動作足を横のタンデュに出し、ク・ド・ピエに持ってきます。そして、ツマ先で床を叩いてからジュテの位置に足を伸ばします。

ポイントは、ヒザを常に自分の耳と同じ方向に向けることです。ヒザが中に入ってしまうと、内またに見えてしまい、美しくありません。ヒザの方向を意識して、足をアン・ドゥオールしましょう。

また、ク・ド・ピエを移動させてから床を叩いて足を伸ばす「ダブル」や、ヒザ下だけを素早く動かし、足先を軸足に打ち付ける「バッチュ」を組み込んだレッスンを行う場合もあります。ここでは、バッチュを紹介します。

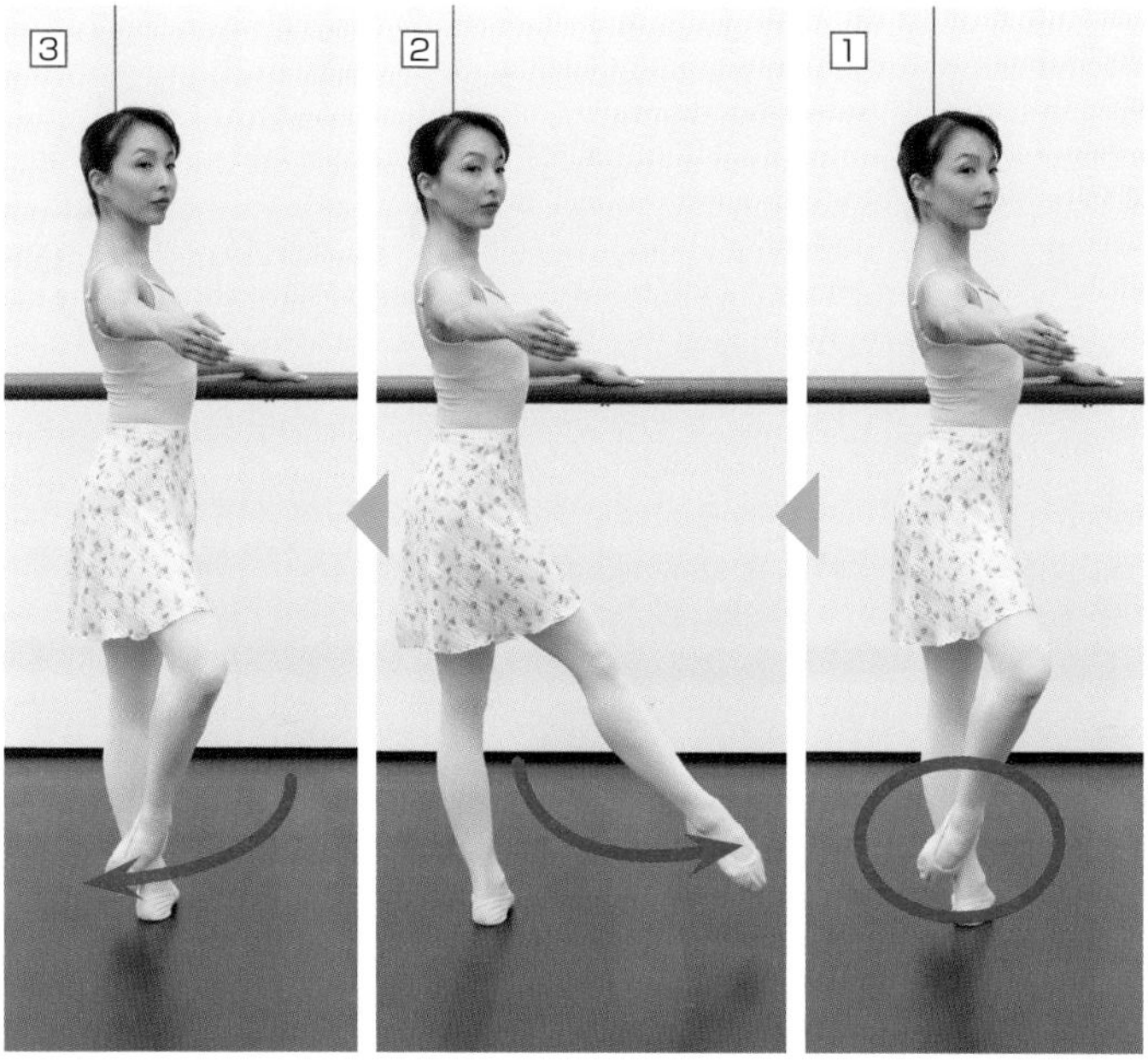

前

床を叩いてジュテに出す

プレパレーションで動作足を横にタンデュし、そこからク・ド・ピエに移動させる1。その後、ツマ先で床を素早く叩き、前のジュテの位置に伸ばす2。足をキープした後、ク・ド・ピエに戻す3。

ATTENTION

内またになってはいけない

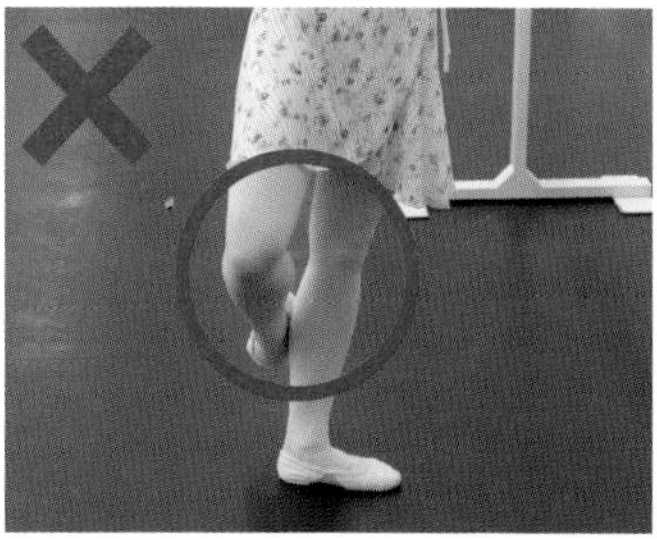

ヒザが正面を向いてしまうと、美しく見えない。プレパレーションでは開いていても、曲が進むうちにヒザが中に入ってきてしまいがちなので、最初から最後まで気を抜かないこと。

ここがポイント

ヒザを自分の耳と同じ方向に開く

ヒザをしっかりと開いて、ク・ド・ピエにする。このとき、ヒザは自分の耳と同じ方向を向いているのが正しい姿勢だ。足を伸ばしたときも、ヒザの向きは変えない。ヒザの方向を意識することで、足がしっかりとアン・ドゥオールし、美しく見える。

横

前と後ろに交互に入れる

前のク・ド・ピエ1から、床を叩いて、横のジュテの位置に足を出す2。一瞬、足をキープした後、後ろのク・ド・ピエに戻す3。後ろのク・ド・ピエから出したら前のク・ド・ピエに戻す。

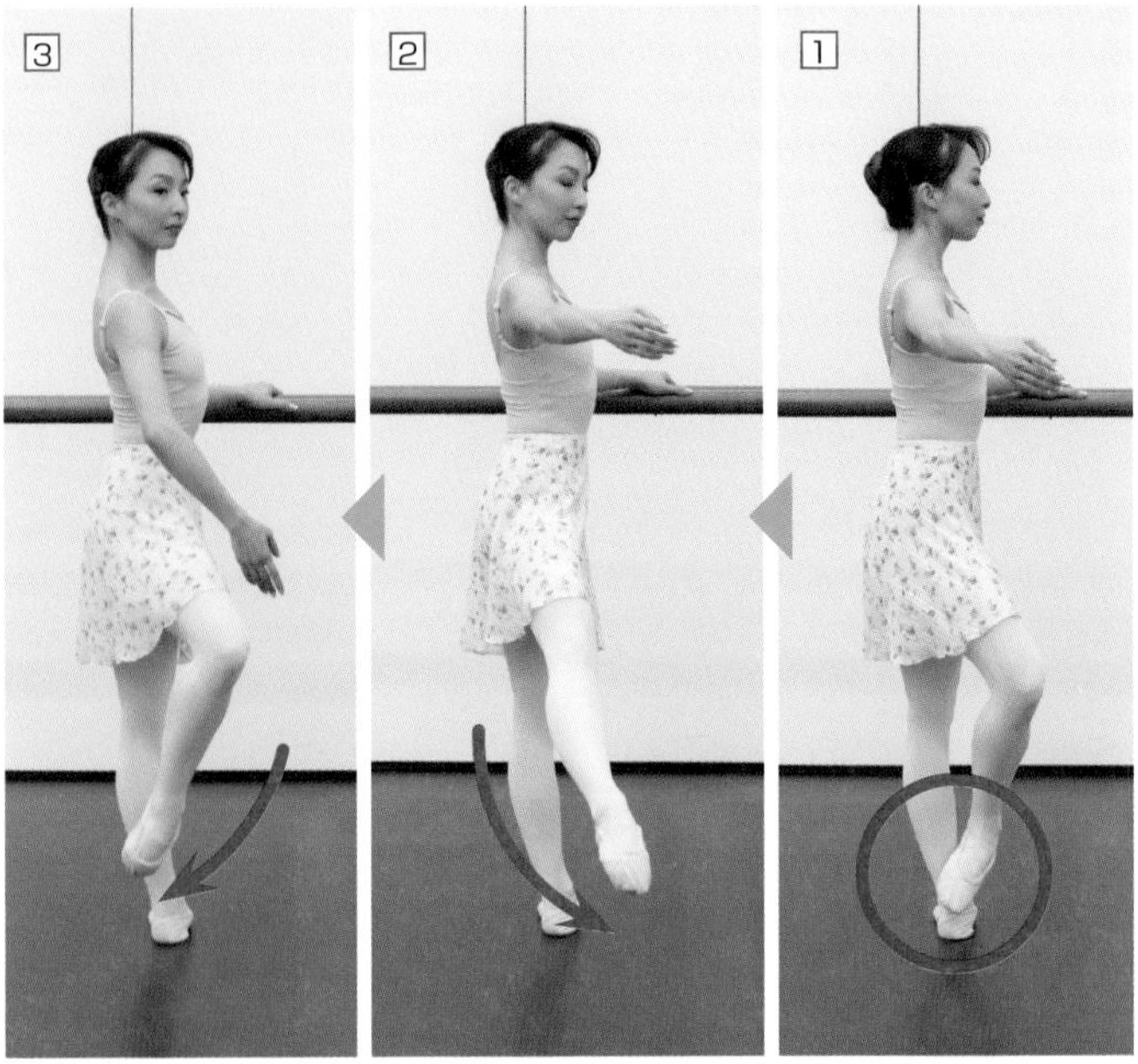

ATTENTION

ヒザは正面に向けない

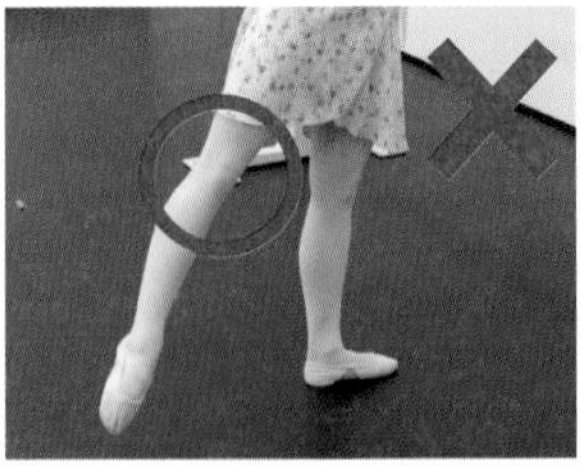

ヒザが正面に向いてしまうと、内またになり、美しく見えない。前、横、後ろいずれの場合も、ヒザは自分の耳と同じ方向を向ける。足をしっかりとアン・ドゥオールすることを意識しよう。

ここがポイント

バッチュではヒザ下だけを使う

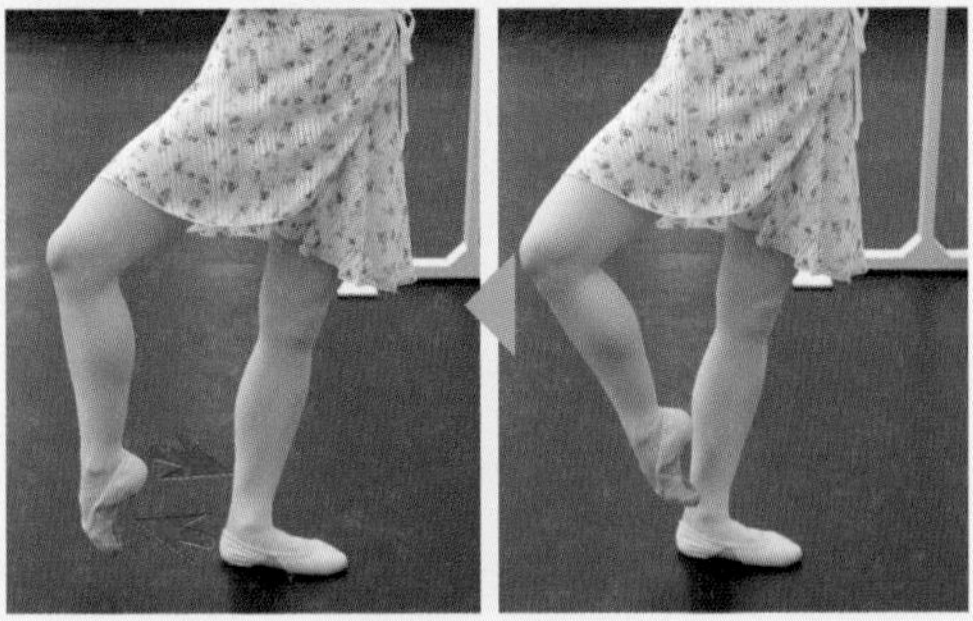

足先を軸足に素早く打ち付ける動きをバッチュと呼ぶ。ツマ先をしっかりと伸ばしたまま、ヒザから下だけを動かすことが大切。ヒザの位置を変えないことも、美しく見せるポイントだ。ヒザは、フラッペと同様、耳と同じ方向に向けておくこと。

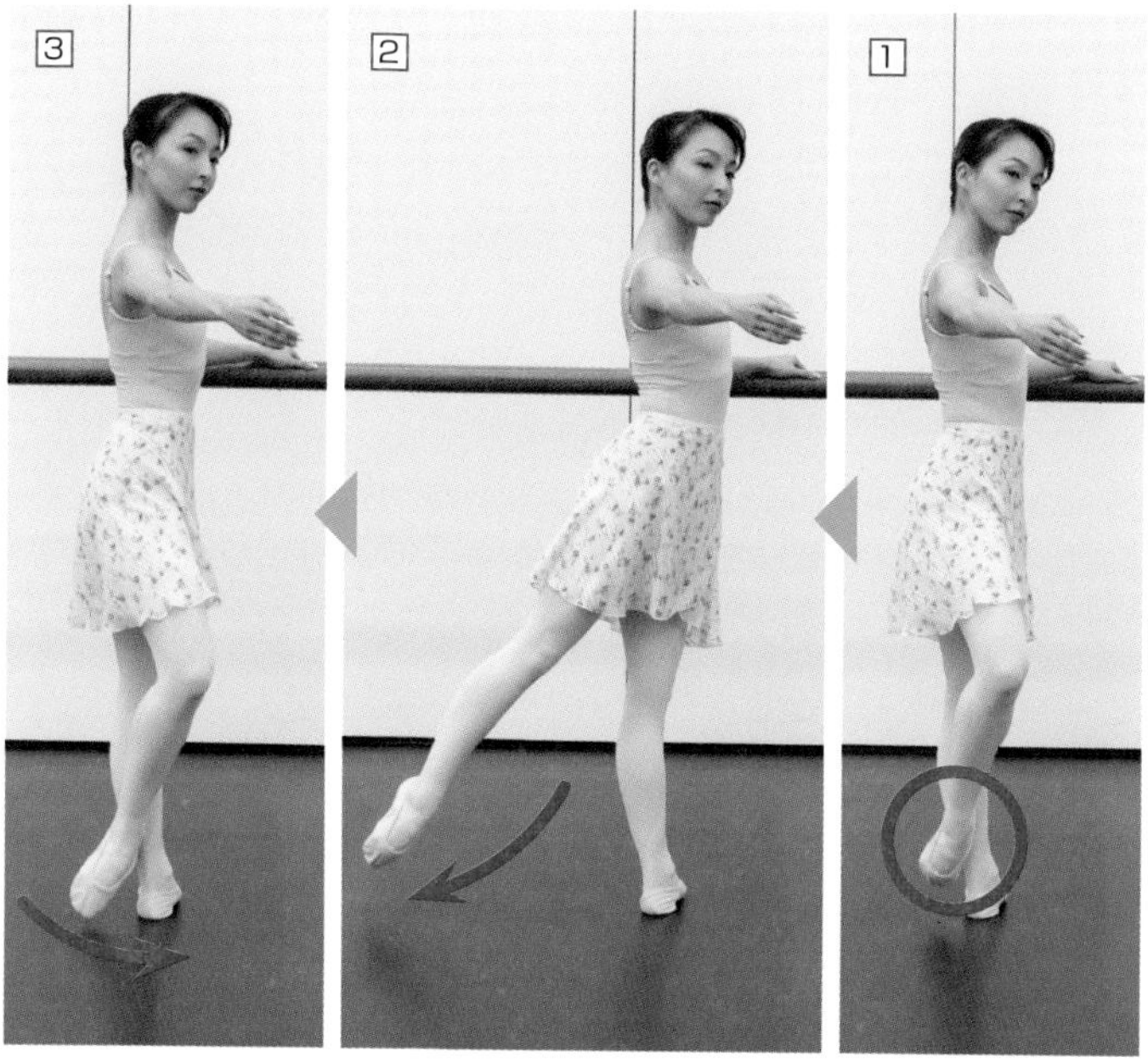

後ろ

後ろのク・ド・ピエから始める

横のフラッペの最後に、後ろのク・ド・ピエ1に戻し、そこからスタート。床をノックするように叩いたら、後ろのジュテの位置に足を出す2。その後、後ろのク・ド・ピエに戻す3。

Advice フラッペのプレパレーション

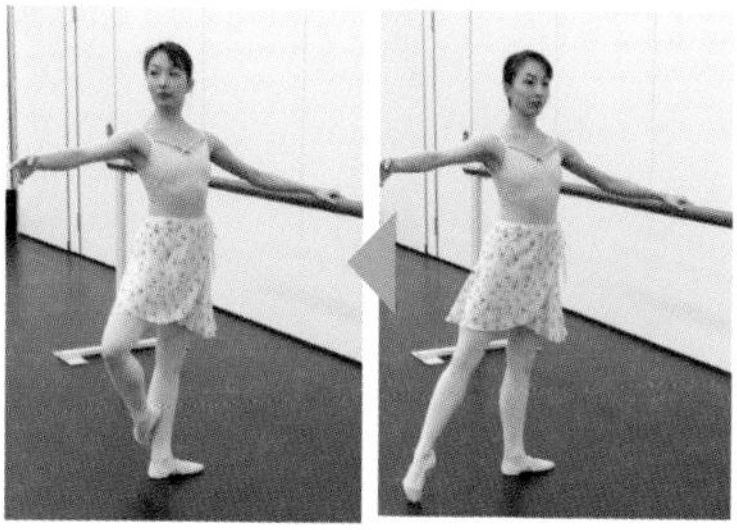

フラッペのプレパレーションは、動作足を横にタンデュしてから、ク・ド・ピエに持ってくる。腕は、アン・バーからアン・ナヴァン、ア・ラ・スゴンドへと移動する。

ここがポイント 足はアン・ドゥオールしてク・ド・ピエから伸ばす

ヒザが正しい方向を向いていても、ジュテの位置に伸ばしたときに内またになってしまっては×。後ろのフラッペでも、ヒザは外側を向け、足を付け根からアン・ドゥオールする。

POINT 17

ツマ先で楕円形を描く

ロンド・ジャンプ・アン・レール（アン・ドゥオール、アン・ドゥダン）

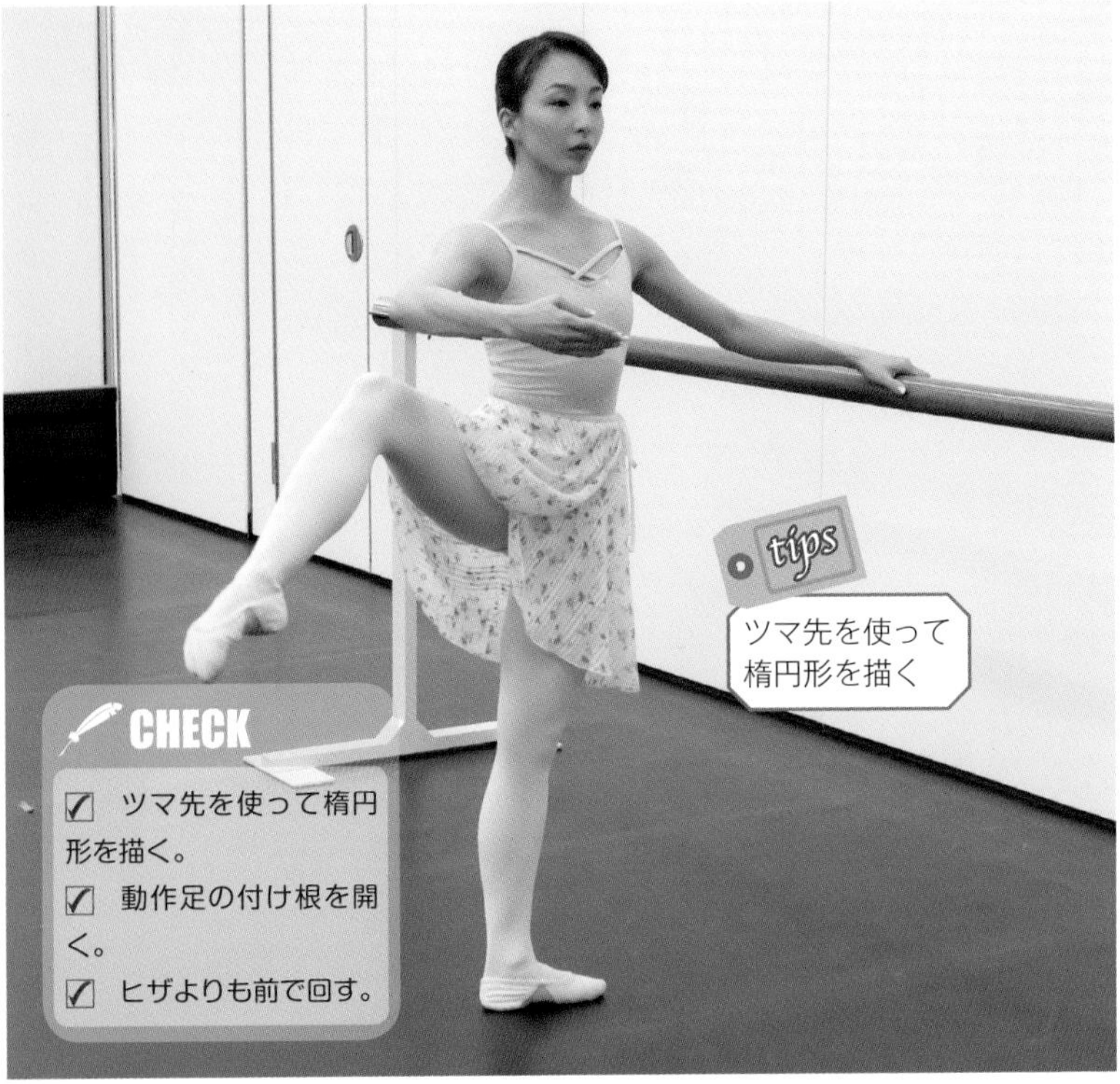
tips
ツマ先を使って
楕円形を描く
CHECK
ツマ先を使って楕円形を描く。
動作足の付け根を開く。
ヒザよりも前で回す。

ロンド・ジャンプ・アン・レールとは

「アン・レール」とは、片足を空中で動かすことを意味する言葉です。ロンド・ジャンプ・アン・レールは、POINT 14で紹介したロンド・ジャンプを空中で行う動きを指します。

この動きには、足を横にあげてヒザから下を使って楕円形を描く動きと、自分の体を中心と考えて、空中に伸ばした足で半円を描くように動かす動きがあります。

ヒザから下を使って円を描く際のポイントは、動作足の付け根を開くことです。パッセ（片足のヒザを曲げてツマ先をもう一方のヒザにつける）の位置を中心に後ろから前（アン・ドゥオール）、もしくは前から後ろ（アン・ドゥダン）にツマ先を使って楕円形を描きますが、いずれもヒザより後ろにツマ先がいかないよう気をつけましょう。また、軸足にしっかりと重心を乗せることも大切です。

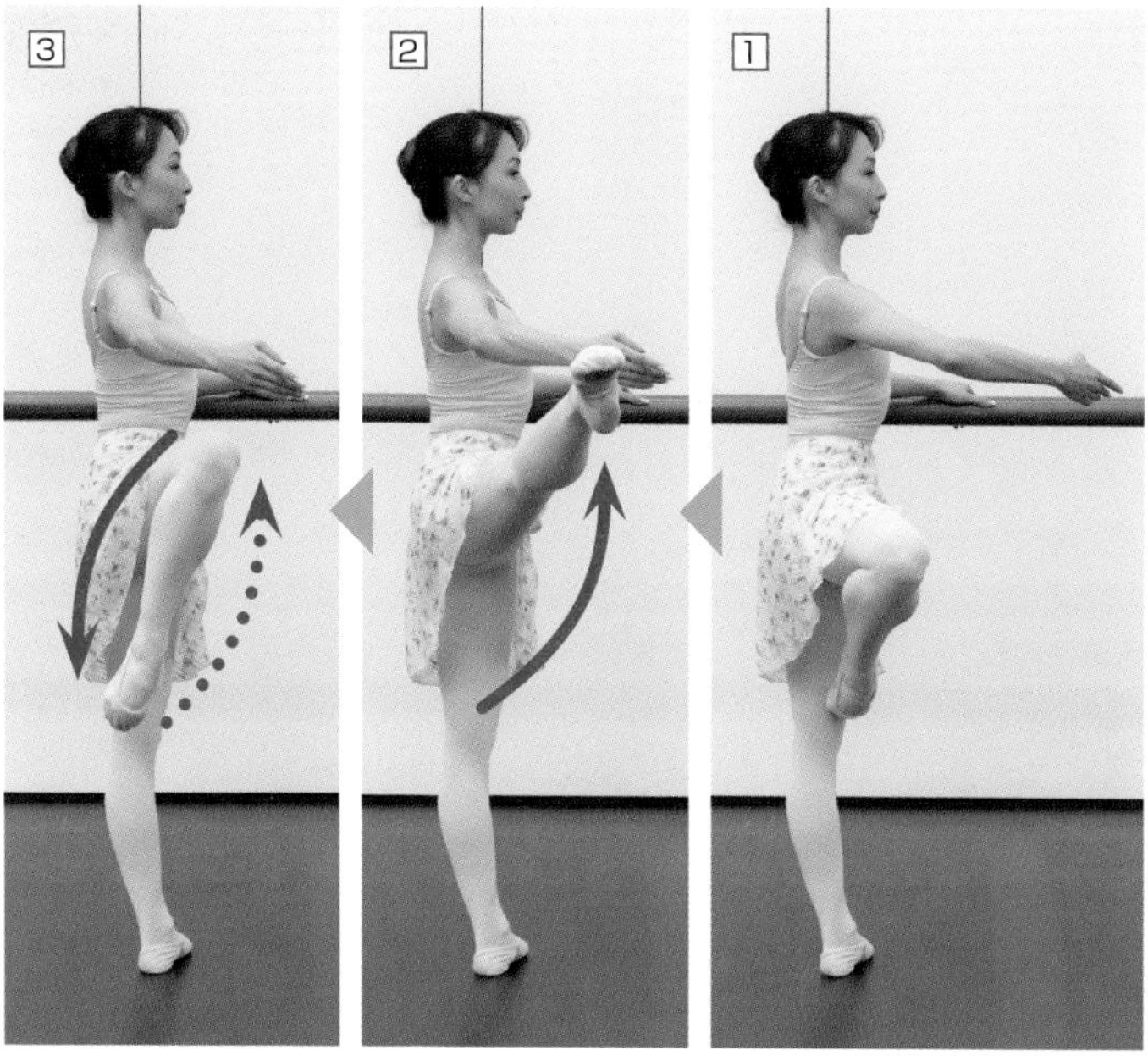

アン・ドゥオール

後ろから前に回す

プレパレーションをしたら、動作足をパッセする1。足を横に上げたら2、ツマ先からパッセを目指して、足先だけを動かし3、後ろから前に回して楕円形を描く。

Advice 体の軸は動かさない

上げた足に引っ張られ、重心がずれてしまいやすいので、軸足にしっかりと乗り、重心を変えないことも意識しよう。重心を動かさないためには、軸足のつちふまずで床を押して立つことが大切だ。

ここがポイント ツマ先だけを動かし楕円形を描く

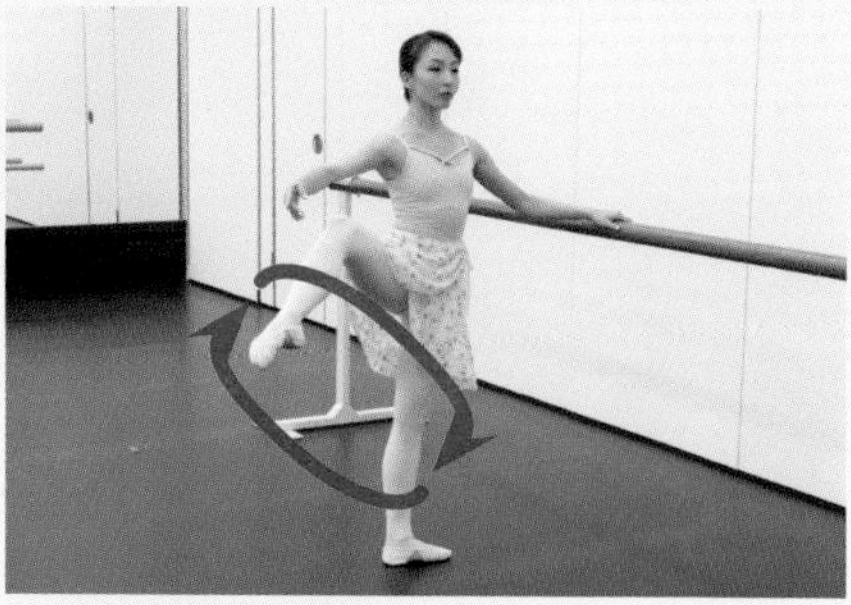

POINT16で紹介したバッチュと同様に、ヒザから下だけを動かして、楕円形を描く。アン・ドゥオールは後ろから前へ、アン・ドゥダンは前から後ろへとツマ先を動かす。太モモ、軸足、腰から上は動かさないこと。

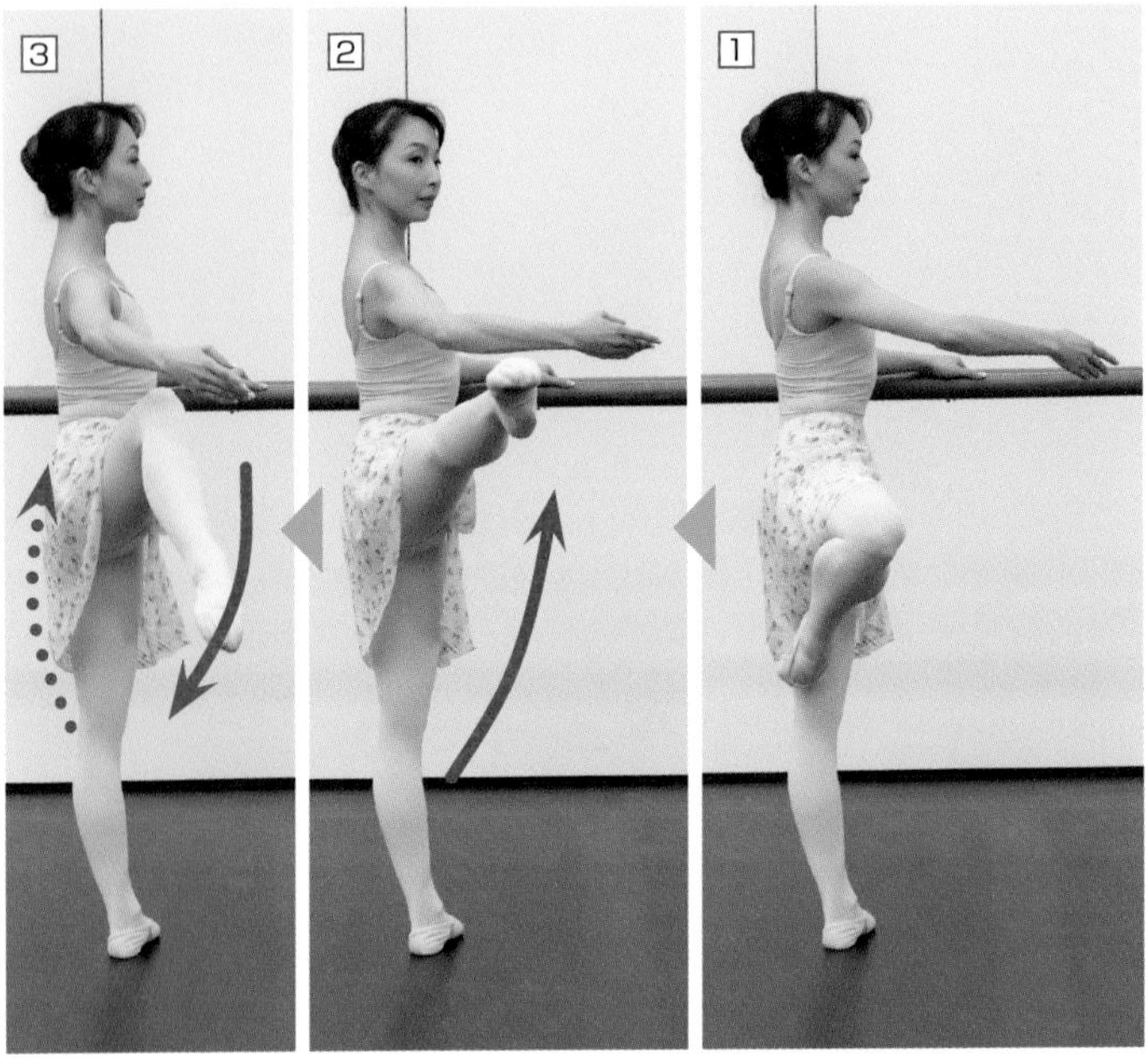

アン・ドゥダン

前から後ろに回す

パッセ1から足を横にあげたら2、ヒザから下を使って楕円形を描く3。アン・ドゥダンは、足の回し方が、前から後ろ。後ろのパッセを目指してツマ先から動かし、前へ回して再び、横に上げる。

ここがポイント

ツマ先はヒザよりも前で回す

アン・ドゥオールでもアン・ドゥダンでも、ツマ先がヒザよりも後ろへいくと、ヒザを傷める危険があるので、ツマ先はヒザよりも後ろにいかないように注意する。体よりも前で足を回すイメージを持つと良いだろう。

ここがポイント

足は付け根からしっかりと開く

動作足の付け根から開いて上げて、その姿勢をキープする。足を回すことにばかり意識が向くと、上げた足が内またになってしまったり、腰が抜けた不自然な姿勢になってしまうので、動作足をしっかりとアン・ドゥオールし、付け根は開く。

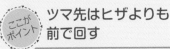

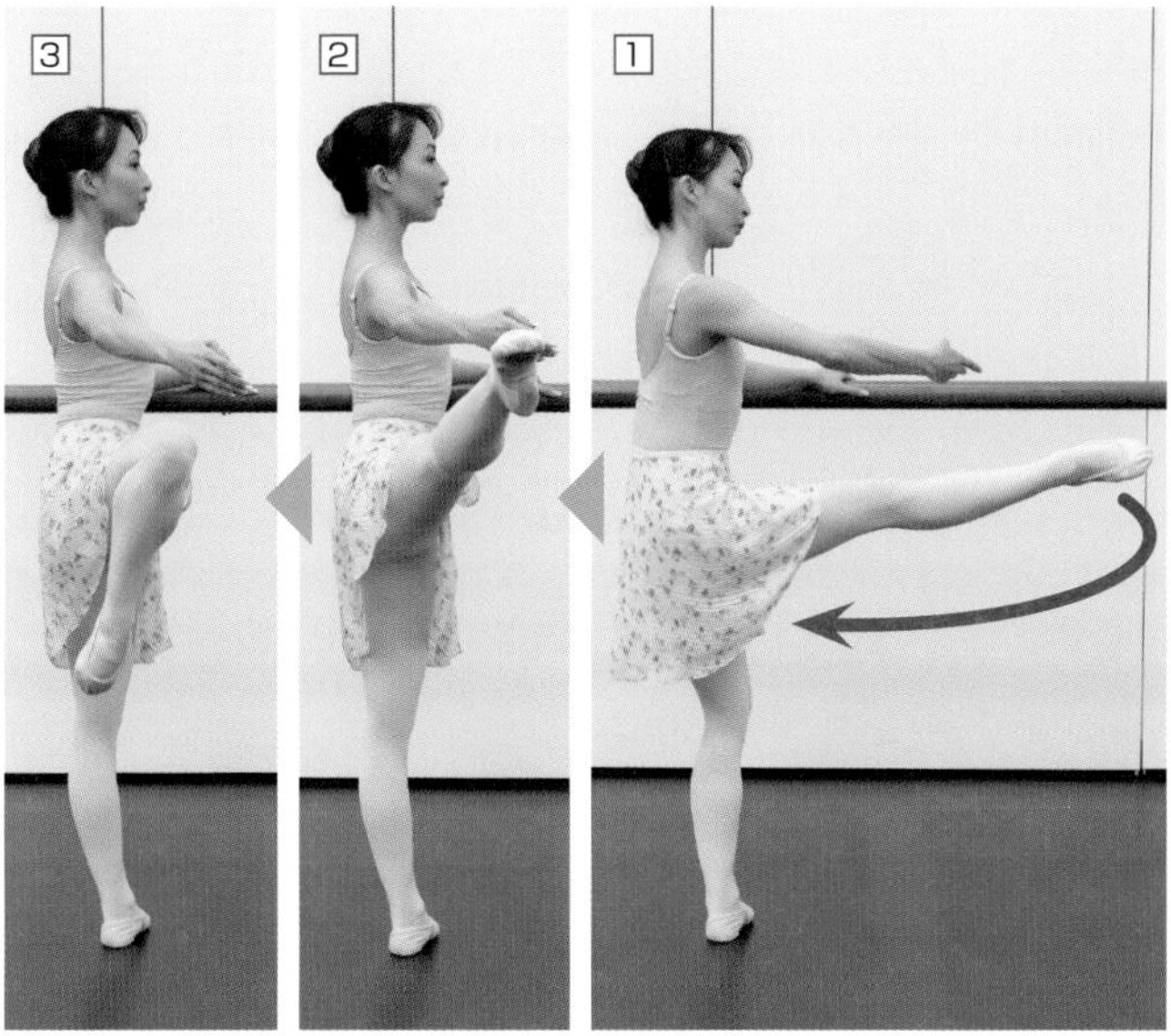

足を伸ばす

伸ばした足で半円を描く

アン・ドゥオールの場合、動作足を5番から前にあげる1。その足を、横へ移動させる2。その後、パッセにして3 5番に下ろす。上げた足を前から横、後ろへ回す場合や、後ろに上げて横、前へと回す場合もある。

Advice 体の周りで大きな円を描く

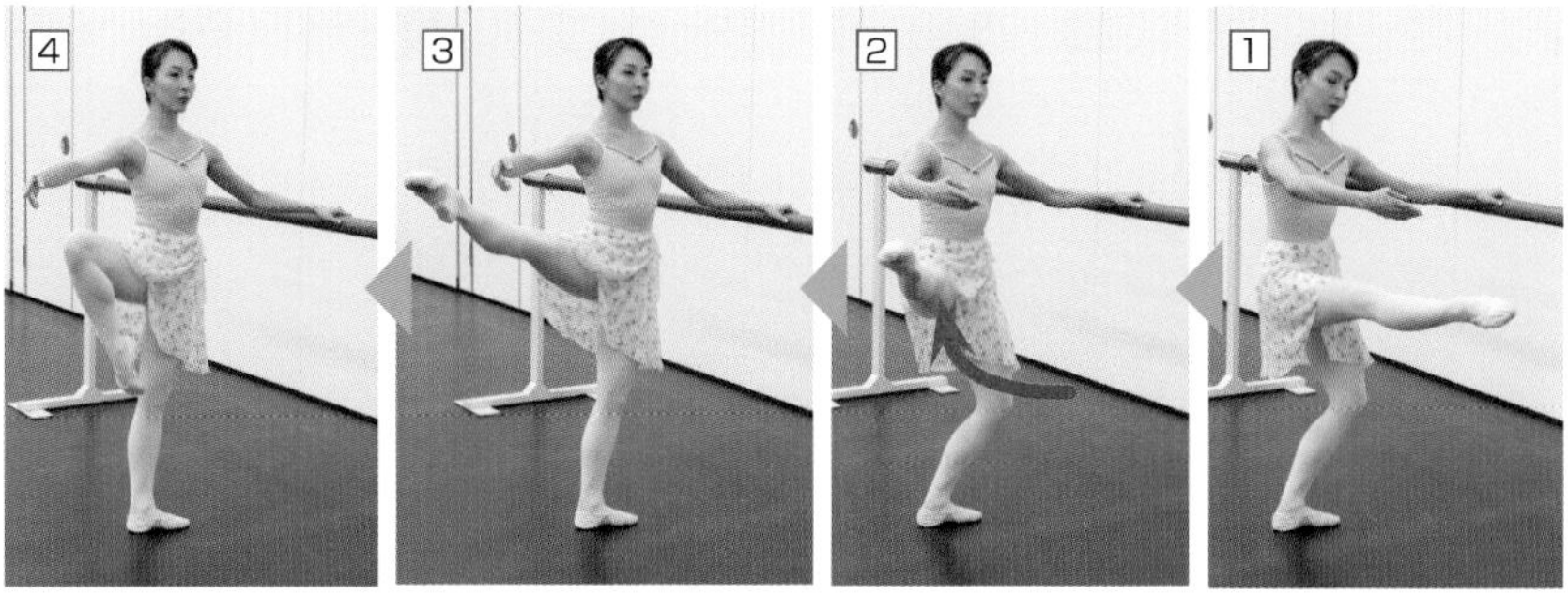

足を伸ばして行う場合、自分を円の中心だと考え、ツマ先で体の周りに半円を描く。足を伸ばして行うアン・レールは、レッスンでは、ロンド・ジャンプ・ア・テールの曲の中で練習する場合もあり、前から後ろまで回したり、アティテュードで回したりと様々なパターンがある。しかし、いずれも軸足にしっかりと乗り、基本姿勢をキープすることが大切となる。

POINT 18

スローな曲で踊りの感性を磨く

アダージョ（前・横・後ろのデヴェロッペ）

tips
美しく踊る
CHECK
アダージョで美しさを磨こう。
パッセするときは軸足をなぞって上げる。
コアを引き上げて軸を保つ。

デヴェロッペとは

デヴェロッペは「折り畳んだものを色々な方向に解いていく」ことを意味しており、パッセからアティテュードを通って足を伸ばす動きを指します。

ここでは、アダージョの曲で踊り、踊りの感性を磨いていきます。フォンデュは、全身の調和をとるためのレッスンですが、それよりも直接踊りに繋がる動きを練習していきます。

動きは曲の最初から最後まで止めることなく、優雅に美しく見せることを意識しましょう。また、足裏を使って床を押すこと、コアを引き上げること、首の力を抜くことを常に考え、基本姿勢を保ちます。

パッセをするときは、ツマ先で軸足を削るようにして上げていきます。こうすることで重心をキープしやすくなります。

前

パッセを通って足を上げる

ク・ド・ピエからパッセを通って①、前のアティテュードまで上げる②。このとき、軸足は伸ばしたまま。その後、上げた足のヒザをゆっくりと伸ばしていく③。その後、足を伸ばしたまま、前5番に下ろす。

Advice

踊りの中にカンブレなども取り入れる

バーレッスンのアダージョでは、カンブレを入れたり、プリエを入れたりと、デヴェロッペ以外の要素も取り入れて、「踊り」ととらえたレッスンを行うと良い。

ここがポイント

踊りを見せることを意識しよう

アダージョは、踊りの感性や見せることを磨く練習だ。女性を美しく見せる動きであると同時に、体力、筋力が必要な動きでもある。曲の最初から最後まで、動きを止めることなく、優雅に動けるよう練習しよう。

横

アティテュードから足を伸ばす

ク・ド・ピエからパッセする①。横のアティテュードを通って②、ヒザを伸ばす③。その後、足を伸ばしたまま、5番に戻す。ゆっくりと、美しく動くことを意識してレッスンする。

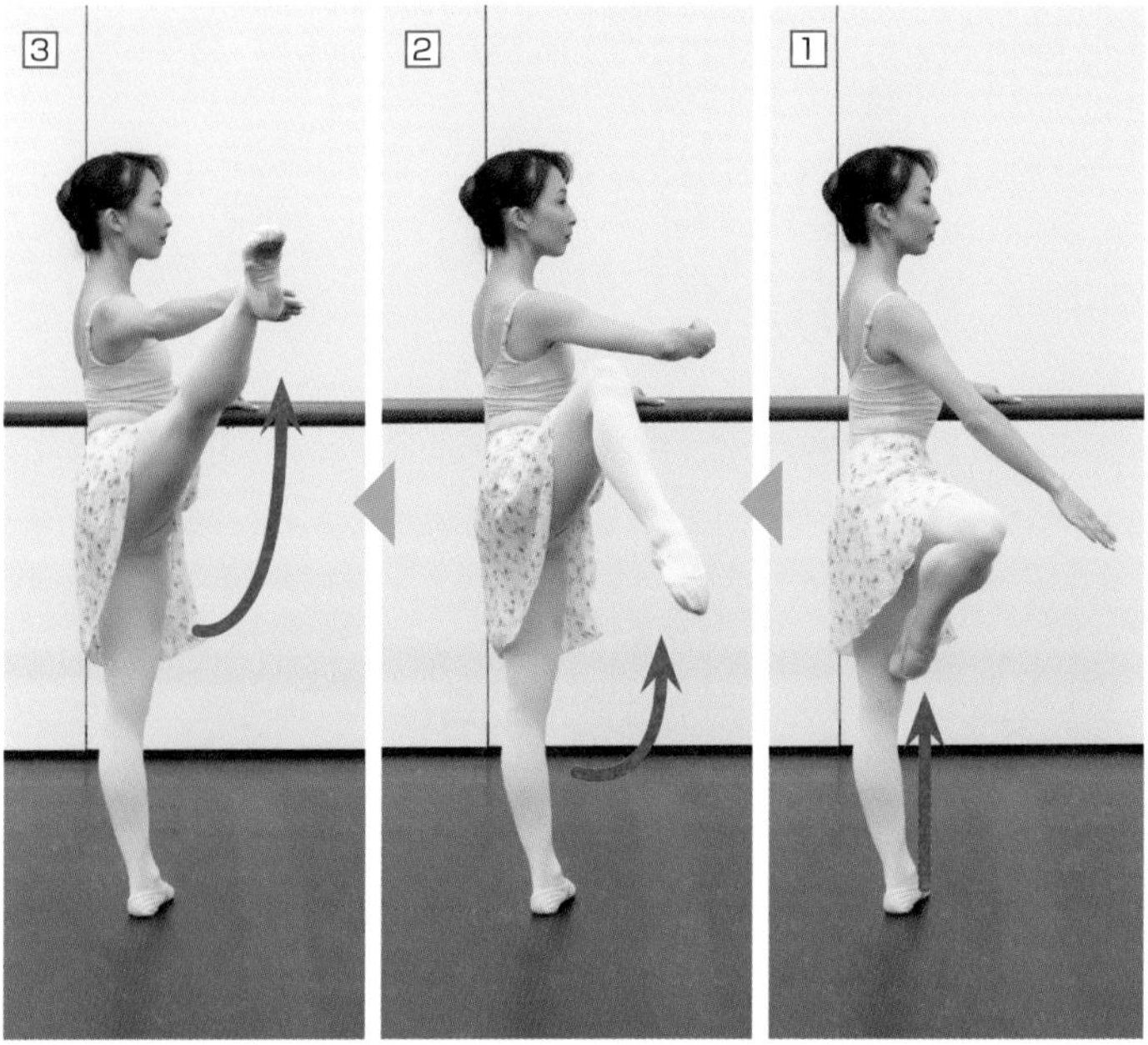

Advice デヴェロッペでは軸足はプリエしない

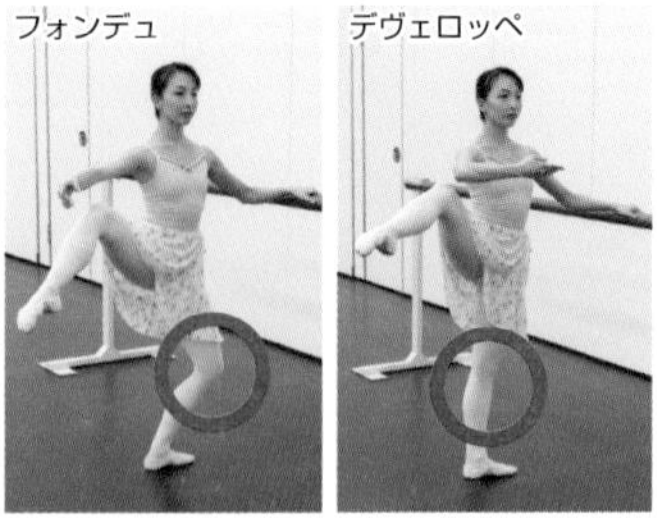

フォンデュとデヴェロッペの違いは軸足にある。フォンデュが軸足をプリエしたのに対し、デヴェロッペは軸足を常に伸ばしたまま行う。混同しないようしっかり覚えよう。

ここがポイント ツマ先で軸足をなぞって上げる

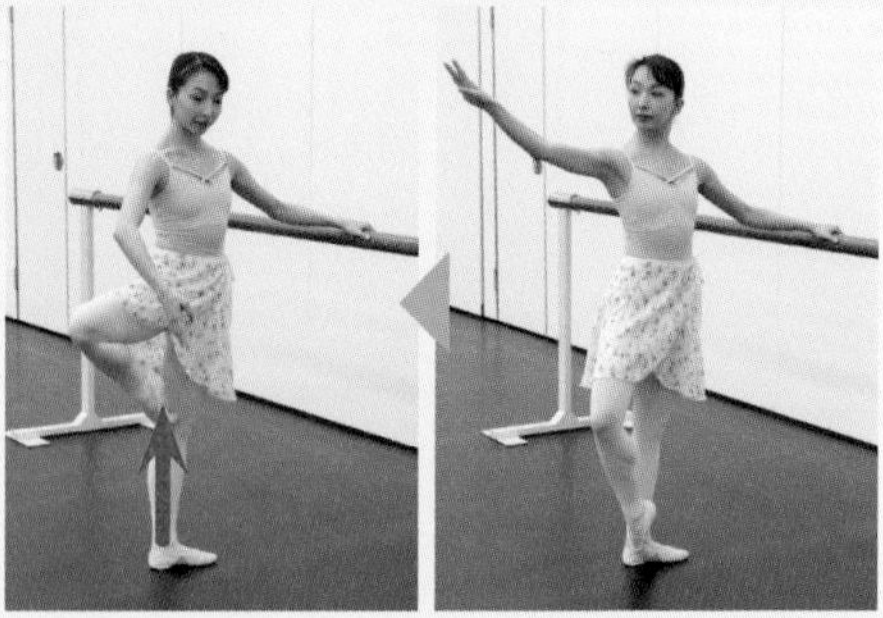

パッセをするときは、動作足のツマ先で軸足を削り上げるようにして引き上げていく。ツマ先が軸足から離れてはいけない。こうすることで、コアを逃さず、パッセをしたときに安定して立つことができる。

後ろ

足を伸ばして美しいアラベスクへ

後ろのク・ド・ピエから後ろのパッセに移動させ1、そのままアティテュードまで上げる2。上げた足のヒザを伸ばして一瞬、キープしたら3、ヒザを伸ばしたまま、後ろの5番に下ろす。

ATTENTION

アラベスクでは軸を引かない

後ろのデヴェロッペで足を伸ばしても体の軸は引かず、軸足にしっかりと乗る。足の付け根が後ろに引けて、アゴを突き上げた姿勢になりやすいが、これではバランスをとれないので注意しよう。

ここがポイント

コアを引き上げ軸を動かさない

ゆっくりなアダージョを美しく見せるためには、軸をキープすることが重要となる。足裏で床をしっかりと押してコアを引き上げて、基本姿勢を崩さないことを意識しよう。また、首や肩が力んでもバランスが崩れるので、首の力は抜く。

POINT 19

グラン・バットマン（前・横・後ろ）

上げる瞬間に軸足を踏み込む

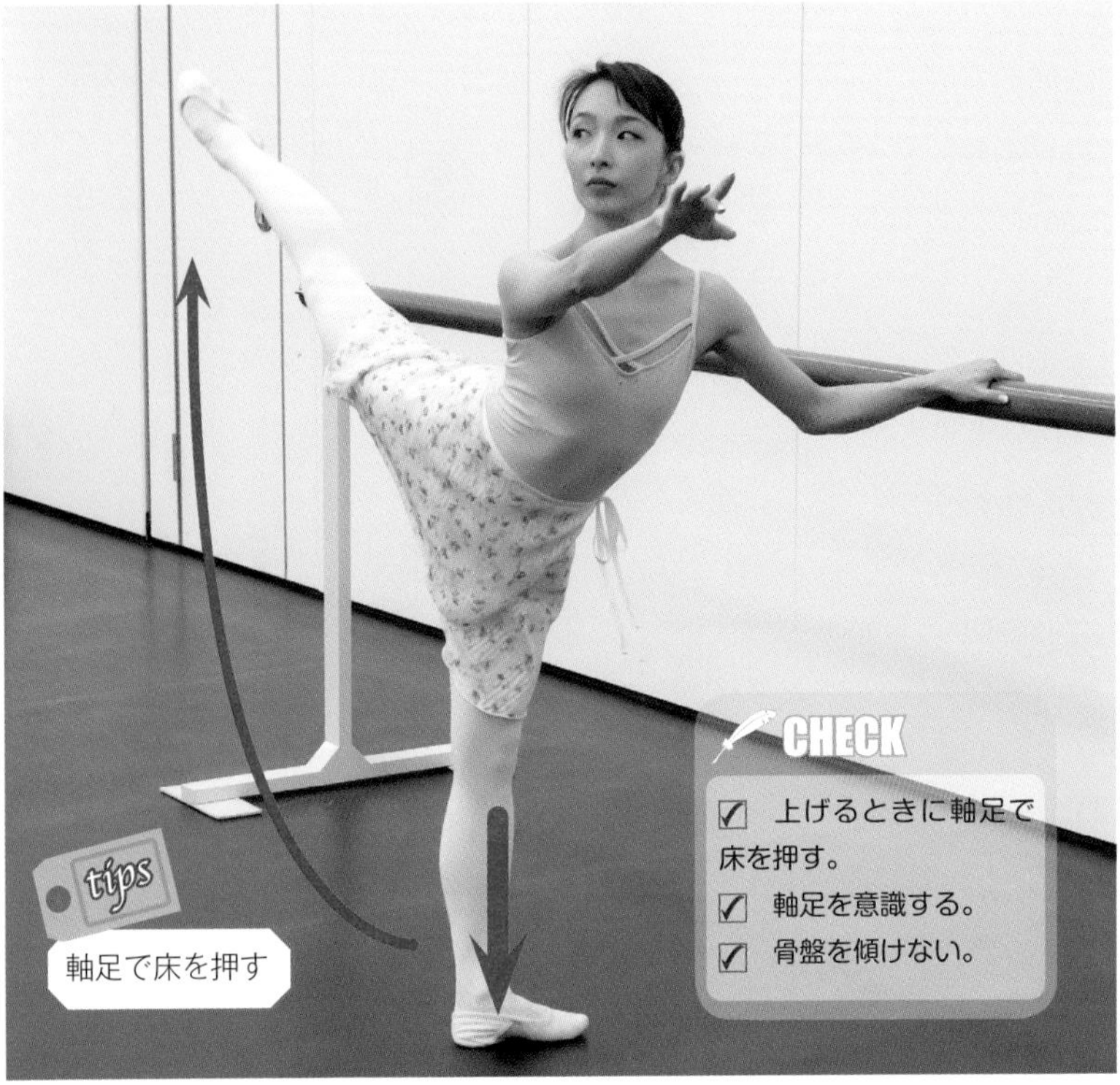

グラン・バットマンとは

タンデュを通って、足を高く蹴り上げる動きをグラン・バットマンと呼びます。

上げる瞬間に軸足を踏み込み、勢いよく一息で上げます。足が裂けるようなイメージで、高く上げましょう。

足を下ろすときには、自分でコントロールしてゆっくりと下ろします。勢いがついたからといって、ドスンと落ちるように下ろすのは美しくありません。腹筋を使って上半身をキープし、軸足でしっかりと床を押して、上げた足をコントロールしましょう。

また、高く上げることにばかり意識がとられると、骨盤が大きく傾いてしまったり上体が倒れてワキが丸まってしまいます。上げる足よりも軸足を意識することで美しく上げることができます。

前

タンデュを通って高く上げる

前の5番から1タンデュを通って、足を高く蹴り上げる2。このとき、勢いよく、なるべく高い位置まで上げることが望ましい。上げた足は、腹筋を使ってコントロールしながらゆっくりと前5番に下ろす3。

Advice 腹筋を使って足をコントロール

下ろすときは、腹筋を使って、自分でコントロールして、ゆっくりと足を下ろす。音に遅れてはいけないが、ドスンと足を落下させてもいけない。自分の意志で「下ろす」イメージを持つ。

ここがポイント 上げた瞬間に軸足で床を押す

美しく、高く足を上げるためには、基本姿勢をキープすることが大切となる。足を上げる瞬間に、軸足で床を踏み込み、上体を上へ引っ張り上げることで、基本姿勢を保つことができる。また、軸足がずれやすいので、ずらさないためにも軸足の踏み込みは重要だ。

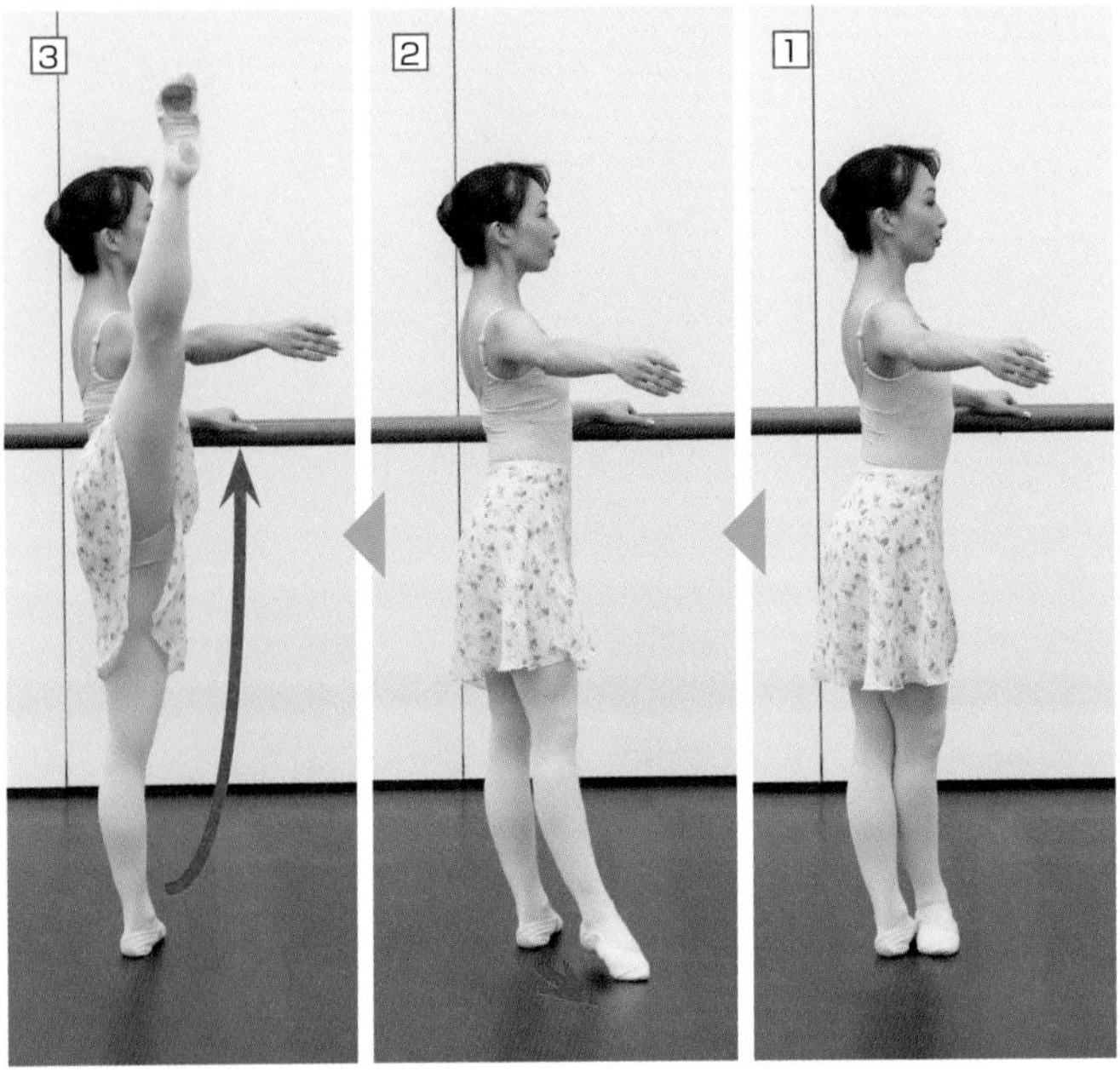

横

前5番、次に後ろ5番と交互に戻す

前と同様に、5番①からタンデュ②、ジュテを通って高く足を上げる③。そして、ゆっくりと足を下ろす。1度目に上げたら後ろ5番に戻し、再び横に上げる場合には前5番に戻す。ただし、次に後ろに上げる場合には、必ず後ろ5番に下ろすこと。

ATTENTION

骨盤を傾けず 上体を保って上げる

骨盤が傾いてしまうと、腰が引けて上体も傾いてしまう。特に、前に上げるときには、骨盤が傾きやすく、背中が丸まってしまいやすいので、軸を引き上げることを意識する。横に上げるときにも、上体をキープすることを意識しよう。

ここがポイント

上げる足ではなく 軸足に意識を置く

高く足を上げるレッスンであるグラン・バットマンでは、上げる足ばかり気にしてしまい、高く上げさえすれば良いと考えがちだ。しかし、重要なのは軸足。軸足を意識し、強く踏み込むことで美しいグラン・バットマンをすることができる。

後ろ

美しいアラベスクに上げる

5番1から後ろのタンデュ、ジュテを通って高い位置を目指して足を上げる2。胸はナナメ上方に上げるようにして少し倒すが、お腹が開かないように注意。その後、コントロールしながら足を下ろす3。

ATTENTION

軸が後ろに引っ張られアゴが出ては×

上げた足に引っ張られ、軸がずれてしまうと、足の付け根が開いてしまい、アゴが上がった不恰好な態勢になってしまう。この姿勢では、バーを離すとバランスもとれなくなるので注意。

Advice

アラベスクでは胸をナナメ前へ引き上げる

アラベスクを美しく見せるためには、重心を軸足にしっかりと乗せて立ち、胸をナナメ前に引き上げるようにして足を上げることがポイント。軸となる場所を意識するとバランスがとりやすい。

POINT 20

ク・ド・ピエの足の形を覚えよう

ク・ド・ピエ（前・横・後ろ）

tips

ク・ド・ピエの基本を覚える

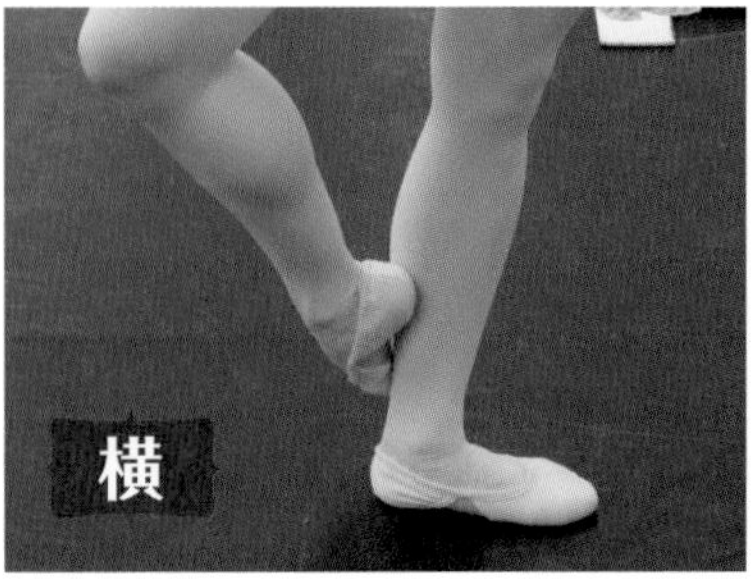

横のク・ド・ピエは、カカトを前、ツマ先を後ろに位置して、足の裏で軸足を包む。

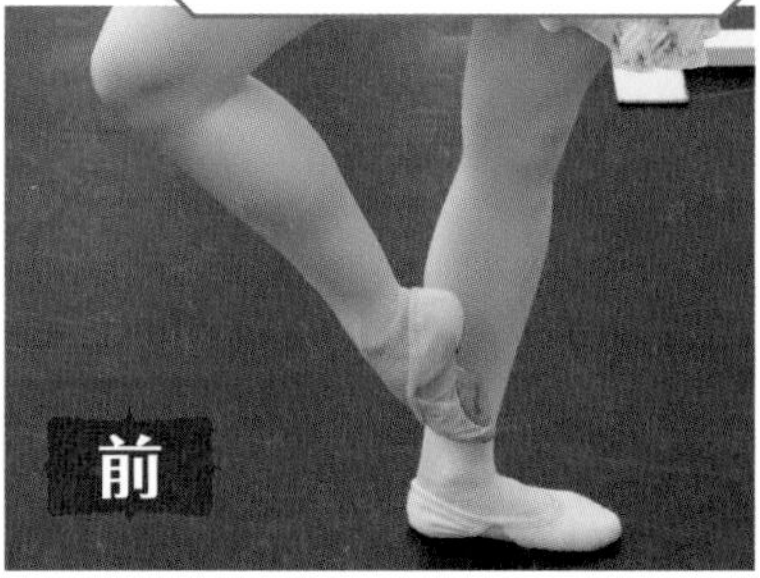

前のク・ド・ピエはくるぶしの上にツマ先をつける。足をアン・ドゥオールし、ツマ先までしっかりと伸ばそう。

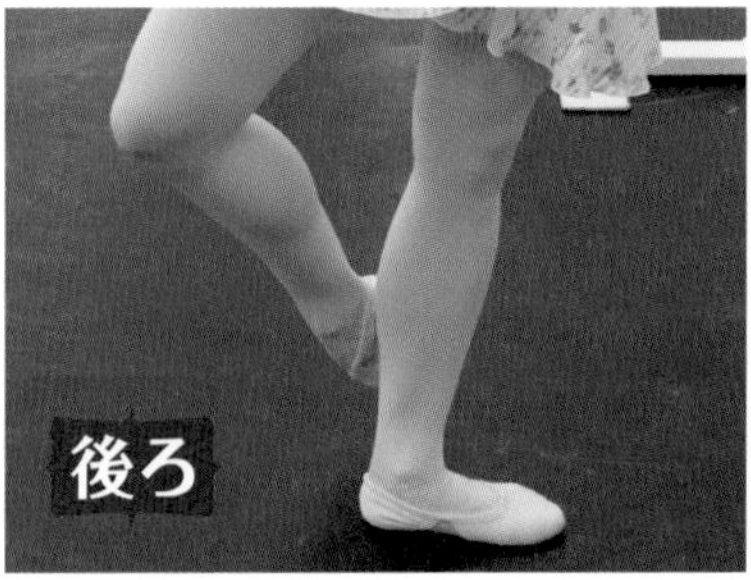

後ろのク・ド・ピエは、カカトをふくらはぎにつける。足をアン・ドゥオールしていれば、ツマ先は軸足からは自然と離れている。

CHECK

- ☑ 前、横、後ろの基本の形を覚える。
- ☑ 軸足を意識する。

ク・ド・ピエとは

片足がもう一方の足首に触れている状態をク・ド・ピエと呼びます。

前のク・ド・ピエは、くるぶしの上にツマ先をつけるように置くポジションです。後ろのク・ド・ピエは、カカトをふくらはぎにつける位置に足を持ってきます。このとき、ツマ先は伸ばしたままの状態です。

横のク・ド・ピエには様々な形がありますが、ここでは、カカトを軸足の前でツマ先を後ろにつけて、足の裏を使って足首を包む形を紹介します。

POINT16で紹介したフラッペは、このク・ド・ピエの位置からレッスンがスタートします。ク・ド・ピエには、様々な形があり、動きによって使い分けますが、多用される足のポジションなので、正しい位置を確認してレッスンに役立ててください。

PART 3

センター・レッスンで〝踊り〟を学ぶ

POINT 21

腕を柔らかく移動させる

ポール・ド・ブラ（腕の動き）

1
tips
ヒジから上げる
アン・バーからアン・ナヴァンへ腕を移動。

2
右手をアン・オー、左手をア・ラ・スゴンド。

CHECK

- ヒジから腕を上げる。
- ワキが落ちないように腕を下ろす。
- ポジションからポジションへ腕を移動。

5
両手を集めてきて、アン・ナヴァンになる。

6
両手を上げて、アン・オー。

ポール・ド・ブラとは

ポール・ド・ブラを組み込んだ動きをセンターレッスンでも行います。一般的には、センターレッスンの最初に行うことが多いレッスンです。

「ポール・ド・ブラ」は、腕の動きを指す言葉で、ポジションからポジションへ腕を動かすレッスンになります。

センターレッスンでは、バーがない分、軸足の足の裏でしっかりと床を押し、体の軸をキープすることがとても大切になります。

ここでは、アン・バーからアン・ナヴァン、そこから片手をアン・オー、もう一方の手をア・ラ・スゴンド（日本では3番と呼ばれるポジション）へとポジションを変えます。その後、アン・ナヴァンからアン・オー、アロンジェをしてアン・バーに戻します。

右手を横に下ろし、同時に左手を上げる。

左手がアン・オーの位置、右手は横に開く。

ゆっくりと開き、ア・ラ・スゴンド。

アロンジェをしてから、アン・バーに戻る。続いて、同様の動きを流れるように行う。

Advice アン・バーの腕は体の前に位置

アン・バーはアン・ナヴァンから下ろした場所が適切。チュチュの上に軽く乗せるようなイメージで、ふんわりと体から離した位置に置く。

ここがポイント ポジションを通って腕を移動させていく

各ポジションを作る練習をしたら、次に同じ動きを続けて動かす練習を行う。ア・ラ・スゴンドからアン・バーに下ろすときには、アロンジェをし、しなやかに動かす。

POINT
22

手を縮めず広がりを持たせる

アダジオ1（ゆっくりな曲での踊り）

1
５番の足から、前足をパッセ、腕はアン・ナヴァンに上げる。
2
前へデヴェロッペ。同時に腕は３番の位置へ移動。
5
後ろへデヴェロッペし、アラベスクの形になる。
6
そのまま足を下ろし、左足をプリエ。

アダジオとは

「アダジオ」とは、ゆっくりとした曲に合わせて行うレッスンです。また、パ・ド・ドゥでは、2人で踊る最初の踊りも「アダジオ」と呼ばれています。優雅に、美しく動くことを意識しましょう。

レッスンで行われる動きは、その都度、教室の先生が指示するものですが、この本では一例を紹介していきます。

ここがポイント

無数の点をなぞるように腕を動かす

半円状に点が描いてあると考え、その点をなぞるように腕を引っ張って動かすと、腕が縮こまず、広がりのある円を描いて動かすことができる。

3
前足を下ろしたら、
5番に戻す。

4
再び、前足をパッセ。

7
右手を回してきて、
ポーズ。

8
足を集めて、左足前
の5番でスス。

9
ナナメ後ろ（ワガノワ表記4番）
へグリッサード。

10
エファッセの5番に戻り終わる。

CHECK

- ✓ 遠くの景色を見て優雅に踊る。
- ✓ 腕は円を描くように広がりを持って動かす。
- ✓ ゆったりとした音楽に合わせる。

POINT 23

アダジオ2（ゆっくりな曲での踊り）

エポールマンを意識する

1 クロワゼからスタートし、前にタンデュ。

2 タンデュした足を横に移動し、グリッサード。

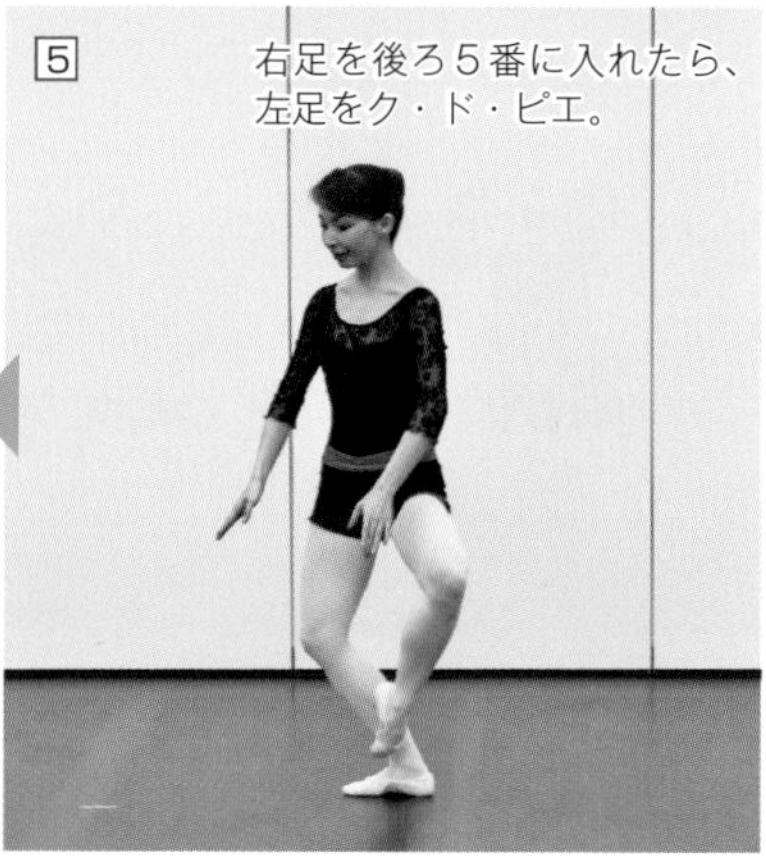

5 右足を後ろ5番に入れたら、左足をク・ド・ピエ。

6 前にフォンデュ。

9 右足をプリエし、足をさらに高く上げたら、ルルヴェ。

10 左足を後ろ5番に下ろす。

CHECK

- ✓ エポールマン（肩の位置、肩の方向）に気をつける。
- ✓ 鏡ではなくその奥の観客をイメージ。

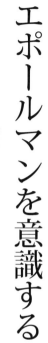

3
左足前５番に下ろし、
その足を前に出して
プリエ。
tips
エポールマン
に気をつける

4
左ヒザを伸ばし、右
足を後ろにアティ
チュードで上げる。

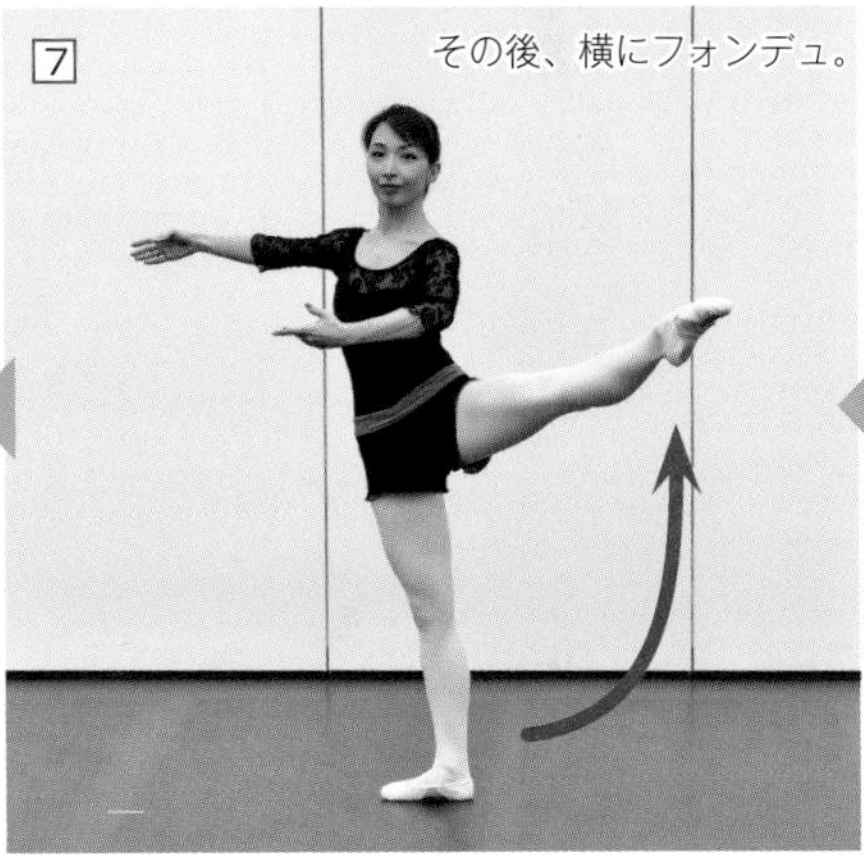
7
その後、横にフォンデュ。

8
さらに、後ろに
フォンデュする。
tips
観客を意識

11
ナナメ後ろ（ワガノ
ワ表記４番）にパ・
ド・ブレ。

12
左足前のクロワゼで終わる。

POINT 24

バットマン・タンデュ1（前後左右に足を出す）

つちふまずに重心を乗せて体の角度を変える

1 クロワゼの右足前５番で用意。

2 腕をアン・ナヴァンへ移動する。

5 次に、エファッセに体の向きを変える。

6 トンベで下りる。

CHECK

- ☑ 肩は動かさない。
- ☑ 軸は常につちふまずに置く。
- ☑ 体の中のメモリをねじるイメージを持つ。

バットマン・タンデュとは

バーレッスンでも行ったバットマン・タンデュを、バーを使わずに行います。

バーにつかまっていると安定していた動きでも、バーがなくなった途端に、難しく感じます。自分の軸がどこにあるのかを意識しながら練習してみましょう。

ここでは、前にタンデュをしながら、体の角度を変えるレッスンを紹介します。軸足のカカトに重心が乗ってしまっているとカクカクとした動きになり、方向をスムーズに変えることができません。つちふまずに重心を乗せましょう。また、体の中にあるメモリをねじるイメージで角度を変えていくと、きれいに動くことができます。

クロワゼとアンファスなど、様々な組み合わせの種類を想像して練習してみても、レッスンの幅が広がります。

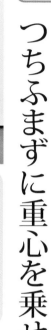

3

右足を前にタンデュ。

4

そのままの姿勢で、アンファスに体の向きを変える。

7

左足を1番を通って前へタンデュしたら、前5番に戻す。

8

右足を、横に出し、エカルテ・デリエールになる。5番に戻して終わる。

ここがポイント 体の中のメモリをねじって角度を変えていく

つちふまずからおへそに向かって一本の棒があり、それにメモリがついている想像をしてみよう。そのメモリをカチカチとねじることで体の角度を変えていくとイメージすると、動きやすい。

ここがポイント 重心をつちふまずに置いたまま動く

体の向きをスムーズに変えるためには、自分の軸をつちふまずに置いておく。カカト重心になっていると、ツマ先が浮き、流れるように動くことができない。基本姿勢を大切にしよう。

POINT 25

右に振り向き左に軸を感じる

バットマン・タンデュ2（前後左右に足を出す）

1
右足前5番、クロワゼからスタート。

2
腕をア・ラ・スゴンドにし、右足を横にタンデュ。

5
再び、右足を横にタンデュ。

6
後ろ5番に戻し、右腕をアロンジェ。

9
右足を横にタンデュし、前5番に戻す。

10
クロワゼでドゥミ・プリエ。

CHECK

☑ パッセをしながら、顔を振り向く。
☑ 左足に重心を置く。

3
5番に戻す。

4
左足を横にタンデュし、後ろ5番に戻す。

7
右足をプリエしながら、左足を前にタンデュし、前5番に戻す。

8
腕を入れ替えて、右足を後ろにタンデュし、後ろ5番に戻す。

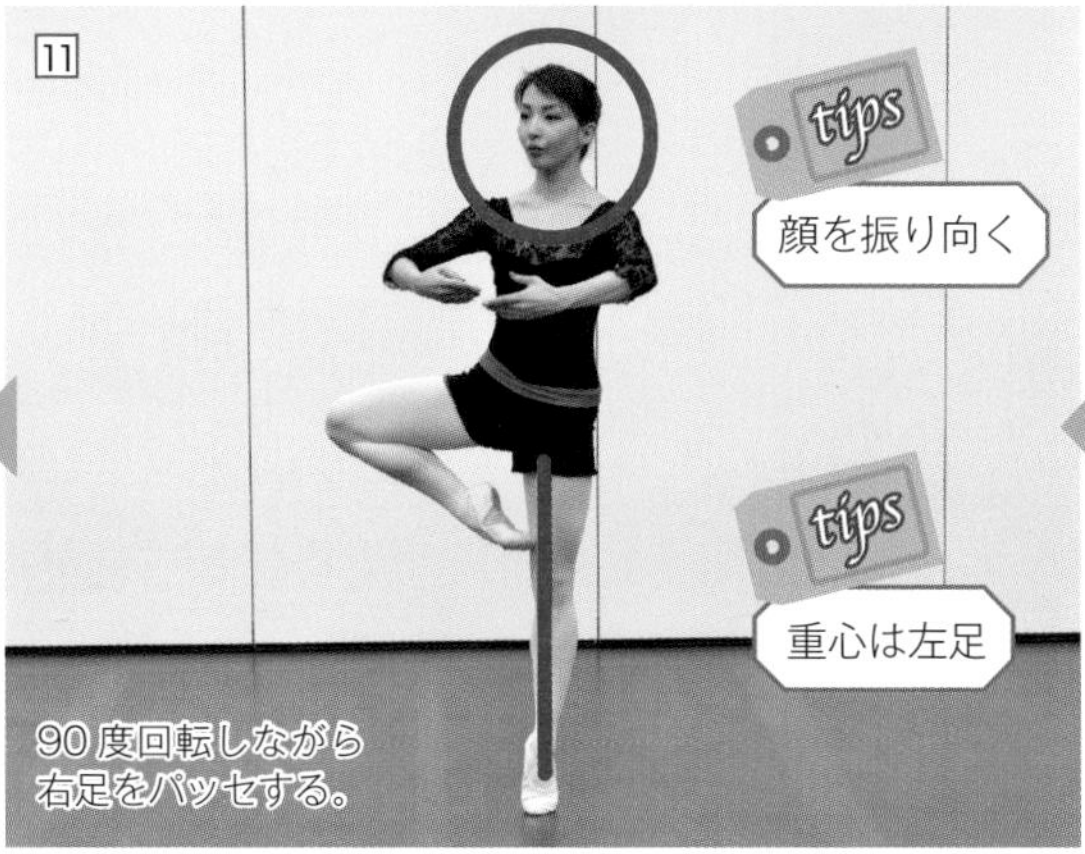
11
tips
顔を振り向く
tips
重心は左足
90度回転しながら右足をパッセする。

12
足を後ろ5番に入れて終わる。

POINT 26

軸足に重心を置く

ピルエット1（外回りで回転）

1 クロワゼ・デリエールからスタートする。

2 左足をつき、右足を横に出してバランセ。

5 右足を前に出してトンベ。

6 しっかりとプリエし、ピルエットの姿勢になる。

CHECK

☑ ツマ先でパッセの足を上げる。

☑ 右回りは左足に重心。顔は最後まで残してから振り向く。

ピルエットとは

ピルエットは、両足で踏み切り、片足パッセの姿勢で回転するパです。パッセをした足の方向に回る回り方を「アン・ドゥオール（外回り）」、ルルヴェで立った足の方向に回る回り方を「アン・ドゥダン（内回り）」と言います。このページでは、まずアン・ドゥオールを紹介します。

いずれの回り方でも、軸足にしっかりと乗って、正しいパッセの形をキープして回転することが大切です。パッセをする際には、ヒザを上げようとしないで、ツマ先を使ってヒザを上げていることを意識しましょう。

また、顔は最後まで正面を向き、左の肩が正面に来たら自然と振り向く感覚で頭を回転させます。体の回転につられて首が回るイメージです。こうすることで、ダブルやトリプルも回ることができるようになります。

3
ナナメ後ろにバランセ。

4
右足を前に出し
スートゥニュ。

7
右足をパッセして、
右回りにピルエット。
tips
ツマ先を上げる

8
正面まで回ったら、
右足を後ろに下ろし
て、4番で終わる。

ここがポイント 顔はギリギリまで正面に残す

正しいパッセの姿勢をキープしつつ、顔は、右回りの場合は左肩が正面にくるまで正面に残し、そこから振り向くようにして回転させる。

ここがポイント 重心は軸足 頭とツマ先を意識する

軸足に重心を置き、その重心を変えずに回転する。特に、パッセ足のツマ先と頭を意識すると重心がとりやすくなる。

POINT 27

足を横に出したら軸足を回転させる

ピルエット2（内回りで回転）

1 右足を前に出して付き、プリエする。

2 足を横に出し、軸足はプリエする。

CHECK

- 足を出したら、先行して軸足を回転。
- パッセバランスの正しい姿勢を練習する。
- 顔を最後まで残して最後に振り返る。

ピルエット・アンドゥダンとは

このページでは、ピルエット・アンドゥダンを紹介します。

プレパレーションから、動作足を横に出し、その後、パッセして回ります。現在のバレエでは、軸足がルルヴェすると同時に動作足をすぐにパッセするやり方もあります。

動作足を横に出したら、軸足を先に回転させ、動作足が体を追い越して前にこないように注意しましょう。

パッセで上げる足は変わりますが、気をつけたい点は基本的にアン・ドゥオールと同じです。ルルヴェ・パッセしてバランスをとる練習をしっかりしておくことが大切です。基本姿勢を意識しながら、ツマ先と頭が一直線になり、軸足で重心をとらえます。

また、肩を入れかえるという意識を持って回ると、美しく回ることができます。

4

パッセした足を前に入れて、５番で下りる。

3

出した足をパッセして軸足方向に回転する。

ここがポイント　ルルヴェ・パッセの練習をしよう

ルルヴェ・パッセで正しく立つことで美しく回転することができる。写真のように体がナナメになってしまったり、重心の位置が崩れると回れないため、まずは、ルルヴェ・パッセの練習が必要だ。

ここがポイント　出した足が体より先に進んではいけない

プレパレーション後、横に足を出したと同時に、軸足を先に回転させる。写真のように、足だけを先に回転させると、バランスが崩れ、うまく回ることができない。

POINT 28

タンデュの要領でツマ先を伸ばす

アレグロ1（速い曲での踊り）

1
クロワゼで、右足前5番でプリエ。

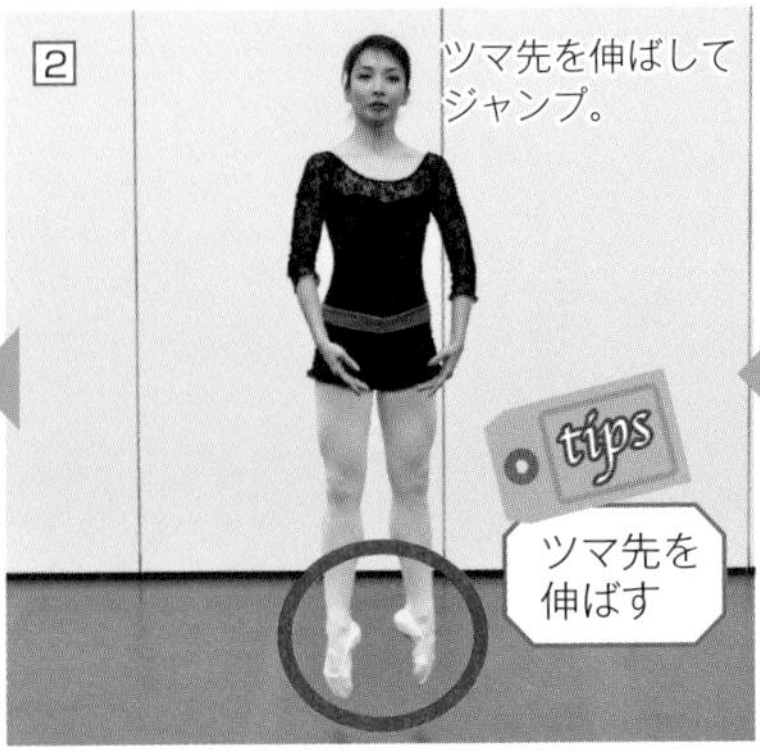
2
ツマ先を伸ばしてジャンプ。
tips
ツマ先を伸ばす

5
2番のプリエに下りる。

6
2番プリエからジャンプ。

アレグロとは

速い音楽に乗せて踊るレッスンを「アレグロ」と呼びます。レッスンによって組み込むパは変わりますが、いずれの場合もアサンブレ、ジュテ、シャンジュマなどのジャンプを、軽やかに、速いテンポで踊ります。足は床から離れたらツマ先までしっかりと伸ばすことがポイントです。

カカトが離れ、つちふまずが離れ、最後にツマ先が離れるのが正しいツマ先の伸ばし方。タンデュを思い出してツマ先を伸ばします。

CHECK

- ✓ タンデュでツマ先を伸ばした行程と同じ要領でツマ先を伸ばす。
- ✓ 床を押し込んでジャンプする。
- ✓ 基本姿勢を保ってジャンプ。

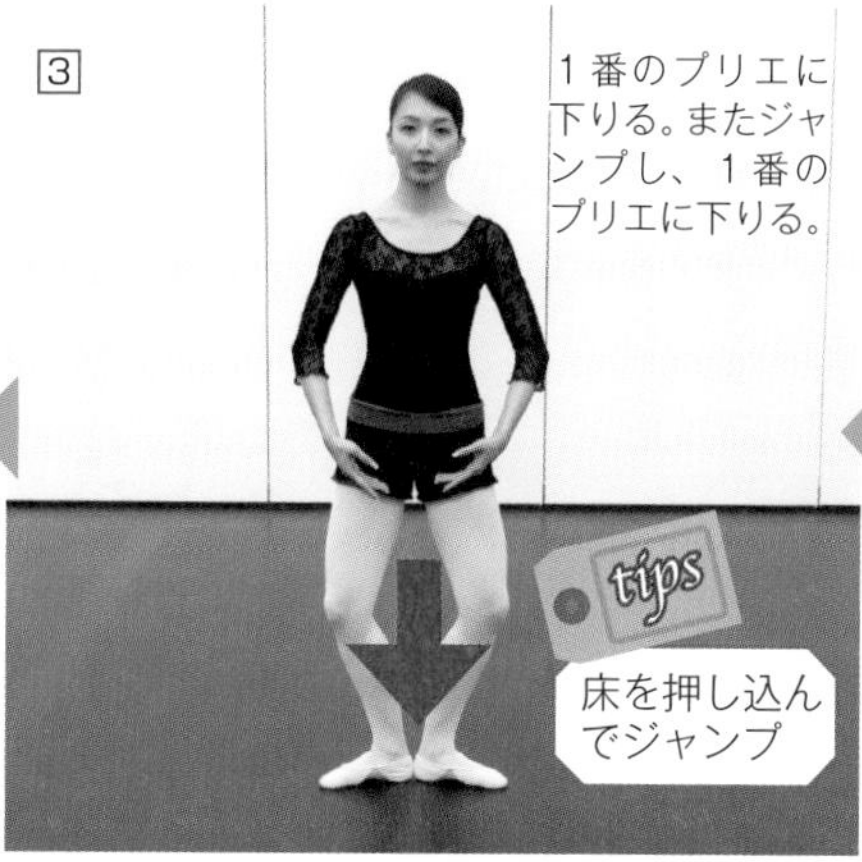
3 1番のプリエに下りる。またジャンプし、1番のプリエに下りる。
tips
床を押し込んでジャンプ

4 1番から2番へジャンプ。

7 左足前5番のプリエに下りる。

8 真上に飛んで空中で足を入れ替えて5番プリエに下りる、シャンジュマン。

9 右足前5番に下りる。

10 再び、反対のシャンジュマンを行う。
tips
基本姿勢をキープ

11 左足前5番のプリエで下りる。

POINT 29

アレグロ2（速い曲での踊り）

足を引き寄せてスープルソー

1 エファッセの左足前5番からスタート。

2 右足を横に出してアッサンブレ。

5 そのまま5番のスープルソー。逆側のアッサンブレとスープルソーも行う。

6 右足を前に出し、グリッサード。

9 右足前5番のプリエで下りる。

10 そのまま、スス。

CHECK

- ✓ 音に合わせて飛ぶ。
- ✓ 5番のスープルソーは両モモを吸い寄せる。
- ✓ 腕を使ってジャンプ。

3

空中では足を寄せる。

4

右足前5番のプリエで下りる。

7

左足を付き、右足を横に出す。

8

再び、アッサンブレ。

ここがポイント　腕を使って高いジャンプをする

腕を使うことで高いジャンプが可能となる。正しいポジションでキープすることが大切。

ここがポイント　空中で両足を吸い寄せる

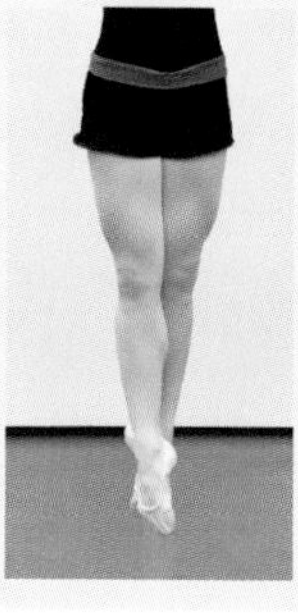

5番のスーブルソーでは、モモとモモを吸い寄せるイメージで足を一本に見せる。体の外側ではなく、真っ直ぐ下に伸ばすこと。

POINT 30

アレグロ3（速い曲での踊り）

足で音を奏でるように音楽に乗る

1

右足を横に出す。

2

ジャンプし、ジュテ。

5

次に、反対側のジュテ。
左足を横に出す。

6

軸足だけでジャンプ。

9

パ・ド・シャ。

CHECK

- ✓ 足でピアノの鍵盤を弾いているイメージを持って動く。
- ✓ パ・ド・シャは空中で両足をパッセ。

3
左足を後ろのク・ド・ピエで下りる。
tips
足で音を奏でる

4
そのままの足で真上にジャンプする。

7
右足を後ろのク・ド・ピエにして下りる。

8
そのまま、真上にジャンプ。

10
下りたら、右足を後ろのク・ド・ピエ。

11
左ナナメ後ろに向かって、パ・ド・ブレ。

12
右足前５番で下りる。

POINT 31

軸を体の中心で感じたまま落とさない

グラン・ワルツ（3拍子の曲での踊り）

1 右足前５番でプリエ。

2 エシャペで高く飛ぶ。

5 左足前５番のプリエで下りる。

6 前へシソンヌ。

CHECK

- ✓ 上半身を使って「感情」を表現。
- ✓ どのパでも軸を落とさず、体の中心でキープ。
- ✓ 肩は動かさない。

グラン・ワルツとは

グラン・ワルツでは、３拍子の音楽に乗せて踊る練習を行います。

グラン・ワルツ、POINT32～33で紹介するグラン・ジャンプは、大きなジャンプが入る踊りです。そのため、軸がブレやすく、姿勢が崩れがちです。体の中心に軸を感じ、ジャンプから下りるときも引き上げておくことを意識しましょう。

ここでは、エシャペ、シソンヌ、アッサンブレとレッスンや舞台でよく使われるパを紹介します。よく使われるパだけに、パを追うことだけを考えて踊るのではなく、重心をどこで保つのかを常に考えてレッスンすると上達が早くなります。

また、大きなジャンプでも肩は動かさず、上半身は「表現」のために使うと、より美しく見えます。

3

2番のプリエで下りる。

4

再び、エシャペ。

7

軸足に乗って、ポーズを見せる。

8

後ろ足を閉じて終わる。続いて、反対側も同様に行う。

ここがポイント　ジャンプしても肩は動かさない

大きなジャンプをしようとすると、肩も上がってしまいがち。肩は動かさず、腕は基本のポジションをキープする。

ここがポイント　右足に重心を乗せて体を引き上げる

ジャンプして下りるときも、軸を落とさないことを意識する。写真のシソンヌでは、前足に重心を置き、体の中心を感じて引き上げる。

POINT 32

グラン・ジャンプ1（大きなジャンプ）

足を前に投げ出して振り返る

1 右足を前に出し、ピケ・アラベスク。

2 バランスをとってアラベスクをしっかり見せる。

5 後ろを向いたら、右足を前に振り上げる。

6 軸足で踏み切ってジャンプしたら、空中で足を入れ替える。同時に体を回転させて正面に向ける。

CHECK

- ☑ 美しく高くジャンプする。
- ☑ ジュテ・アントルラセは振り向くようにして前を向く。
- ☑ 着地したら前足に体重を乗せる。

グランジャンプとは

グラン・ジャンプでは、グラン・ジュテやグラン・パ・ド・シャ、ジュテ・アントルラセなどの大きなジャンプを組み込んだ動きを練習します。舞台ではヴァリエーションやコーダでも多く用いられる、華やかなパを多く組み込んだレッスンでもあります。

高く、美しく飛ぶことが重要ですが、腕や顔の位置、動かし方に気をつけることで、優雅さを出し、たとえ高く飛べなくともキレイに見えることも意識しましょう。

このページで紹介する、ジュテ・アントルラセは、正面に背中を向け、片足を前に振り上げ、軸足で踏み切って空中で足を入れ替えながら、正面を向くパです。後ろに下がる動きから重心を後ろに持ってきてしまいがちですが、着地したときには前足に重心を乗せます。

3 前に重心を残したまま、ジュテ・アントルラセへ。

4 舞台後方に体を向ける。

7 右足で着地する。

8 左足をそのままナナメ後ろに出し、スートゥニュ。

ここがポイント

足を前に出し振り向くように回転

右足を大きく前に出したら、軸足でジャンプする。そして、同時に振り向くようなイメージで体を正面に向ける。

ここがポイント

前足に体重を乗せて着地する

着地の際には、前足に重心を置く。下りたときに、腕が頭の後ろにいってしまうと軸が変わりバランスが崩れてしまうので、腕は体のナナメ前に位置する。

POINT 33

ヒザを引き上げてから蹴り上げる

グラン・ジャンプ2（大きなジャンプ）

1 ルルヴェ5番からスタートする。

2 右足を前に出して、トンベ。

5 グリッサードで助走する。

6 右足をパッセして蹴り上げる。

9 シャッセ。

10 左足を前に出す。

CHECK

- ✓ グラン・パ・ドゥ・シャでは、蹴り上げた足に乗るようにジャンプ。
- ✓ 空中で足を180度開脚する。
- ✓ ヒザを引き上げて縮めてから蹴り上げる。

3　シャッセで左足を引き寄せる。

4　右足を前に出す。

7　空中で180度開脚。

8　着地したら、すぐに振り返り、左足を出す。

11　ピケ・アラベスクで終わる。

ここがポイント

ヒザを高く上げて足を蹴り出す

グラン・パ・ドゥ・シャで高く飛ぶためには、前足のヒザを高く上げることが大切になる。足を縮め、そこから思い切り蹴り上げるイメージを持とう。

POINT 34

ピケ・ターン&スートゥニュ（回転しながら移動）

進みたい方向に体を向ける

1 右足を前に出しプレパレーション。

2 進行方向に右足を出してルルヴェ。左足はパッセで回転する。

CHECK

- ☑ 進む方向に体を向ける。
- ☑ 体の前に足を出して回転する。
- ☑ 正しい姿勢をキープする。

ここがポイント

体を行きたい方向に向けてからピケ・ターンへ

体を進行方向に向けてから足を出してピケ・ターンをすることで、思い描いた方向に進むことができる。おへそを行きたい方向へ正対させてから、足を出そう。

ピケ・ターン&スートゥニュとは

フロアを大きく使い、ピケ・ターンとスートゥニュ、シェネを連続して行うレッスンも行います。

ピケ・ターンは進行方向に向かって右足を出し、その足でルルヴェして、左足をパッセにして回る動きです。一回転したら、また体と右足を進行方向に出して、続けて回転します。必ず、進む方向に体を正対させてから、足を出しましょう。

ピケ・ターンは、「ドン・キホーテ」の3幕、キトリのヴァリエーションでも見られ、非常に華やかですが、美しく見せるのが難しいパでもあります。

シェネは、両足を1番にして、ルルヴェで素早く連続で回転しながら移動するパです。シェネは、ルルヴェからおりずに、そのまま回転します。

3
下りたら、すぐに
進行方向に体を向
けて右足を出す。

4
左足を引き寄せて、
スートゥニュ。

5
一回転する。

6
右足を前に
磨り出して、
ポーズ。

ATTENTION

正しい姿勢をキープして回転する

肩が先行してしまったり、ヒザを体の前に持ってきてしまうと、美しく回転することはできない。

ここがポイント

足は体の前に出したら体重を乗せてルルヴェ

体を進行方向に向けていないと、ルルヴェで立ったときに軸足に体重を乗せにくい。

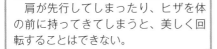

POINT 35

ルルヴェから下りずに回転する

ピケ・ターン＆シェネ（回転しながら移動）

右足を前に出してプレパレーション。

体を進行方向に向けて、右足を出して、ピケ・ターン。

CHECK

- 進行方向に足を出す。
- シェネはルルヴェのまま、連続して回転する。
- 顔はギリギリまで残して、振り返るように回転させる。

１回転したら下りて、すぐに体を進行方向に向けて右足を出す。

左足を引き寄せて、１番で回転。

回転し終わってもルルヴェから下りずに、右足を一歩前に出して、シェネを続ける。

軸をしっかりと保ち、美しい姿勢でシェネを行う。

4
連続してピケ・ターンを2回行う。

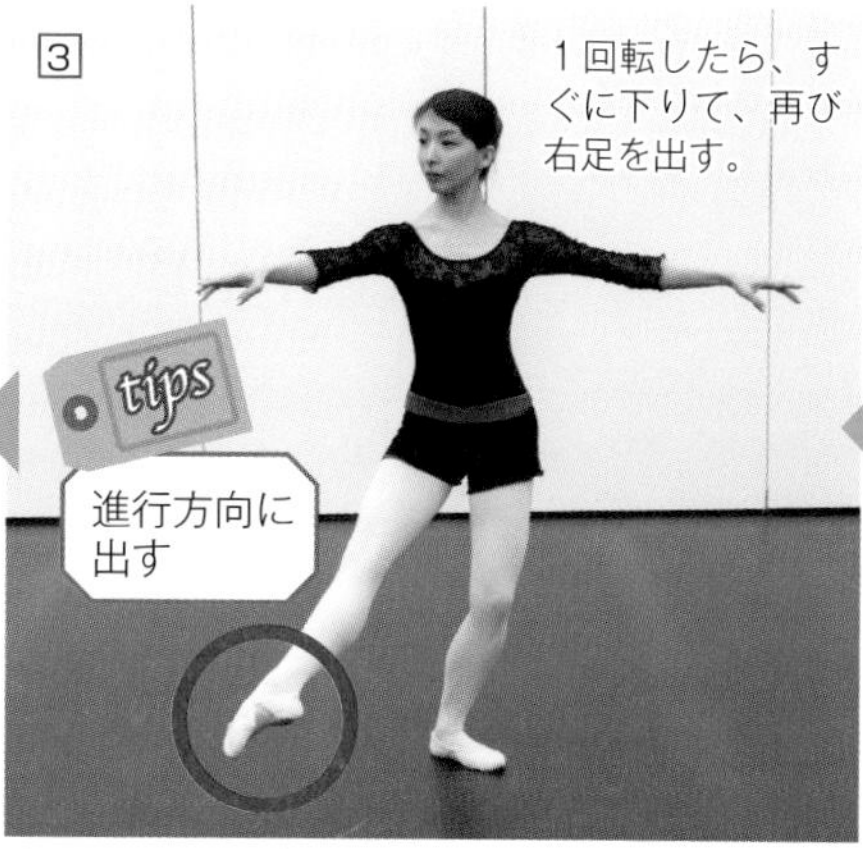
3
1回転したら、すぐに下りて、再び右足を出す。
tips
進行方向に出す

Advice マネージュでは中心から90度の位置を意識して回る

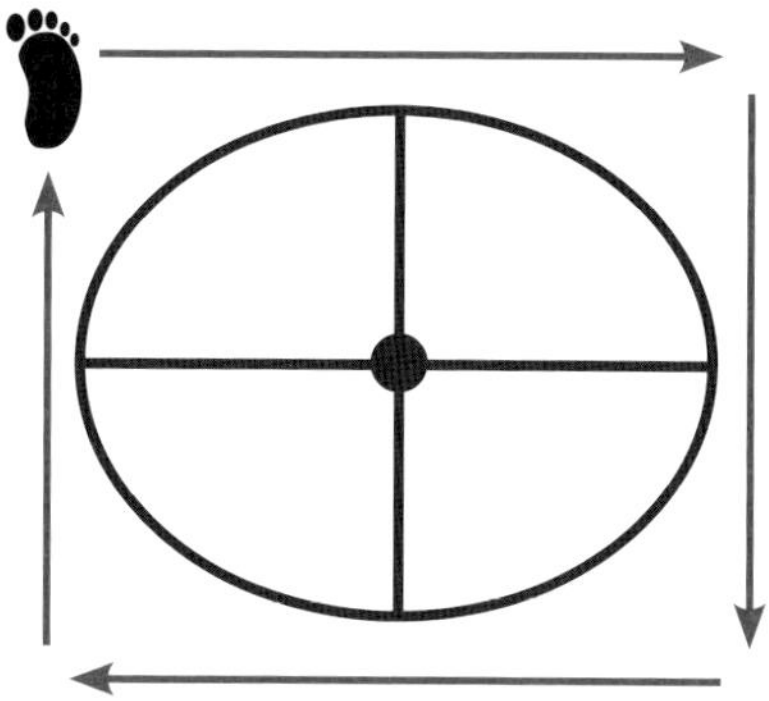

黒い円が、回りたい軌道。
赤い矢印が、足を出す方向。

ピケやシェネで円の軌跡を描く場合、円の中心からヒモで腰をくくられていることをイメージしてみよう。そのヒモが緩まないように、引っ張りながら回るように、中心から常に90度の位置を移動していく。円というよりは、正方形を描く意識を持つと良い。

7
そのまま1回転する。

10
右足を前にして、ポーズで終わる。

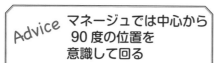

POINT
36

体をクールダウンさせる

レヴェランス（お辞儀）

1 腕をアン・バーからアン・ナヴァンへ。

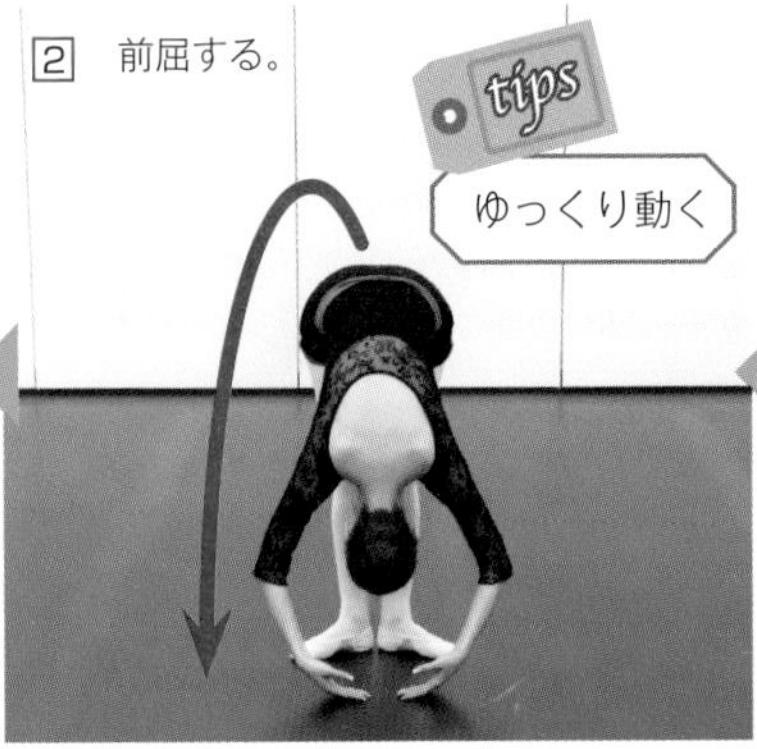

2 前屈する。

6 起き上がり、右側に上半身を倒す。

CHECK

- ✓ ゆったりと動いて使った筋肉をクールダウン。
- ✓ 動きの最後は丁寧なお辞儀をしよう。
- ✓ センターレッスンの最後に行う。

レッスン終わりのレヴェランス

レッスンの終わりには、体のクールダウンもかねたレヴェランスを行う教室も多くあります。

このレヴェランスは、POINT06で紹介した単純な「お辞儀」の動きだけでなく、音楽に合わせて、体を整えた後に、お辞儀をします。いわば、整理運動のようなものです。

もちろん、美しく、優雅に、そして正しいポジションで行いたいところですが、それを意識しすぎるよりも、深く息をしながらゆったりと動き、筋肉を伸ばすことが大切です。

ここでは、一般的に行われる流れを紹介します。まずは、ゆっくりと前屈して起き上がります。次に、後ろに体を反らせます。続いて、右、左と脇腹を伸ばします。その後、足を一歩出して、左右にお辞儀をして終わります。

3
腰から起き上がる。

4
後ろに上半身を反って起き上がる。

5
右手をアロンジェし、左側に上半身を倒す。

7
腕をア・ラ・スゴンドにし、右足を横に出す。

8
右足を前に出したらその足に乗り、左足をク・ド・ピエから、後ろについて左足に乗る。

9
tips
お辞儀する
左足をプリエしてお辞儀。

10
起き上がったら、反対側にもお辞儀する。

POINT 37

大人バレエの正しい習得法

まず踊ることを楽しむ

大人と子どもは目指す地点も違う

クラシック・バレエは、踊りと音楽、美術が一体となって、芸術空間を作り出すスペクタクルです。踊りではありますが、正しいステップを踏んでいれば完璧というものではありません。古典作品の多くには、ストーリーがあり、ダンサーは全身を使って役の感情を表し、物語を綴っていきます。ですから、ダンサーには想像力が必要なのです。

ダンサーは、音楽の持つ感覚を、自分の言葉に置き換えて踊ります。そうすることで、観客を魅了する踊りを見せることができます。このように、バレエを踊ることは、表現することなのです。

ただし、これは、正しいステップを覚えてからの話です。バレエのパは、全て正しいポジションが決まっています。これらを身につけてこそ、表現することができるのです。

もちろん、パを正しくマスターするためには、長い年月、厳しい練習を行う必要があります。クラシック・バレエは敷居が高いと思う人が多いのは、このように正しく踊れた上で、表現を追求していく芸術だからでしょう。

これでは、大人になってから始めた人はバレエを踊れないと思われるかもしれません。確かに、正しいステップを習得することは難しいでしょう。しかし、踊ることを楽しむことはできます。プロを目指すのでなければ、全てのステップを完璧にこなす必要もありません。いろいろな経験を積んできた大人の人の方が、子どもよりも表現豊かな踊りを見せることもできます。

大人から始めた人は、コンクールで勝利することを目指すのではなく、バレエを理解することが最大の目的なのではないかと、私は思います。レッスンで行われている内容を理解することができたら、それで100点満点だと思うのです。バレエを理解した上で、踊ることを楽しんでください。

ただし、パができなくてもいいということではありません。当然ながら、できないことは練習し、さらに美しく踊れるよう努力を重ねてください。

PART 4

ヴァリエーションに挑戦しよう

POINT 38

ヴァリエーション1（キトリを踊る）

役柄になりきって踊ろう

CHECK

- ✓ 憧れのヴァリエーションの物語を知ろう。
- ✓ 扇を上手に使って踊る。
- ✓ 基本を大切に丁寧に踊ろう。

「ドン・キホーテ」第3幕「キトリ」のヴァリエーション

バレエを習っていく上で、発表会やコンクールなど、目標はいくつもあると思いますが、ヴァリエーションを踊るという目標を持つ人も多いと思います。有名なヴァリエーションは数多くありますが、ここでは、「ドン・キホーテ」の第3幕の「キトリ」のヴァリエーションを紹介しましょう。

このヴァリエーションは、キトリとバジルの結婚式で、キトリが幸せいっぱいの気分で踊る踊りです。扇を片手に、華やかに舞います。扇を開いたり、閉じたりと動きに合わせて使い、〝キトリ〟らしさを出します。難しい大技はないですが、基本に忠実に、丁寧に踊ることで美しく見えます。

ヴァリエーションを踊るときは、技術的なレベルの高さはもちろん必要ですが、物語を知り、その役になりきって踊ることが大切です。

ここがポイント　優雅な町娘になった気分で踊る

キトリは、『ドン・キホーテ』のヒロインで、宿屋の娘。第３幕のヴァリエーションは、下町の娘ながら、貴族のように、気取って踊っているのが特徴。おめかししているが、そこかしこにハチャメチャさが出ている。そんな役柄を理解して踊ろう。

ここがポイント　扇を使って華やかに見せる

このヴァリエーションは、扇を使って踊る踊りだ。開いたり、閉じたり、あおいだりと、扇の使い方も振付の一部となっている。まず第一に落とさないことが大事。パや役柄の感情に合わせて、上手に使い、華やかで優雅な踊りにしよう。

Advice　ドン・キホーテは若い恋人たちの恋の物語

「ドン・キホーテ」は、スペインを舞台に、宿屋の娘のキトリとバジルの恋を描いた物語だ。物語の内容を理解し、自分がどんなキャラクターを演じているのかを把握して踊ろう。

ここがポイント　レッスンを思い出し基本に忠実に踊る

このヴァリエーションは、正確なポアントワークが求められるものの、難しいパが続くというものではない。レッスンで行われる基本の動きを習得していれば、美しく踊ることができるだろう。基本を守って、丁寧に踊ろう。

POINT
39

ヴァリエーション2（エシャペ、アティチュード・トゥール、パ・ド・シュヴァル）
美しく見せる3つのポイントを習得する

第3幕「キトリ」のヴァリエーションで特に気をつけたいパを紹介します。「エシャペは前に進むイメージで行う」「パ・ド・シュヴァルでは客席から遠い足は、あえてアン・ドゥオールしすぎない」など、観客に美しく見せるためのコツを覚えましょう。

CHECK

- ✓ 足を前に出すイメージでエシャペ。
- ✓ 軸足と付け根をキープする。
- ✓ 客席側の足をアン・ドゥオール。

ここがポイント

足を前に出すイメージで2番に立つ

エシャペでは、足を入れ替えても後退していかないように、足を前に出すイメージで行う。また、2番で立ったポジションのときに、足で美しい三角形ができるよう意識する。

1 クロワゼ5番で、扇を胸元で開く

2 そのまま エシャペ

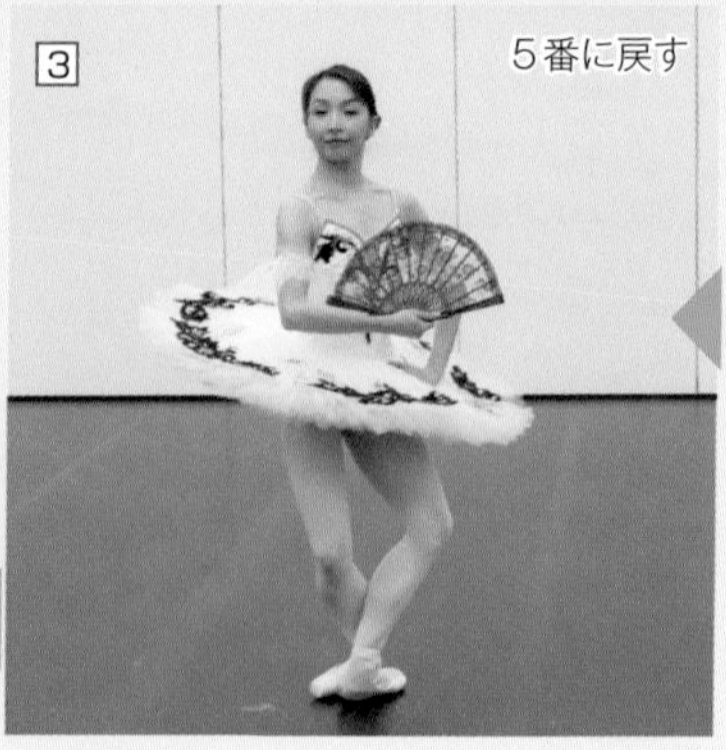

3 5番に戻す

4 再びエシャペ

ここがポイント

軸足と付け根を一本にしてポジションをキープする

ポアントで立ち、トントンと小さくジャンプしながら回転するため、上げた足の付け根と軸足をキープすることを強く意識する。軸足と付け根を一本にするイメージを持つと回りやすい。

1
ワガノワ表記４番に向かって右足を出す

2
右足をポアントで立ち、左足を後ろのアティテュード

3
アティテュード・トゥール

4
８番の方向でポーズを決める

ここがポイント

客席側の足を意識してアン・ドゥオールする

客席側の足をしっかりとアン・ドゥオールする。しかし、客席に向かって足を出してはいけない。客席から遠い足（右足）のアン・ドゥオールは意識しすぎない方が美しく見える。

1
クロワゼで２番の方向を向いてポアントで立つ

2
パ・ド・シュヴァルで前へと進む

3
エファセとクロワゼを交互に行う

4
扇を開いて、優雅に動く

POINT 40

物語を知って優雅に踊る

「ドン・キホーテ」のストーリーを知る

スペインを舞台にした恋の物語

『ドン・キホーテ』は、ミュージカル「ラ・マンチャの男」と同じく、セルバンテスの有名小説が原作ですが、ミュージカルと違ってバレエでは、ドン・キホーテは脇役です。

全編を通して、見どころ満載で、高度なテクニックもあちこちに散りばめられています。また、キャラクターダンスも個性的で、闘牛士やジプシーなど、見逃せない踊りが多数登場します。

物語のあらすじ

騎士道物語を読みふけっていたドン・キホーテは、自分を騎士だと思い込み、サンチョ・パンサを従者に、物語の中に出てきたドルシネア姫に会いに旅に出る。

舞台はスペインの市場。床屋の息子バジルと宿屋の娘キトリの二人は恋人同士だが、キトリの父親は、二人の仲を許そうとしない。父親は、キトリを金持ちのガマーシュと結婚させたいのだ。

そんな中、街に突然、ドン・キホーテ一行が現れる。そして、ドン・キホーテはなぜかキトリをドルシネア姫だと思い込んでしまうのだった。

そんな騒動の合間にバジルとキトリは駆け落ち。ロマの宿営地にたどりつく。

後を追ってきたドン・キホーテはロマの宿営地でキトリとバジルに追いついたが、そこにあった風車を悪しき巨人だと思い込み、風車に向かって突進した挙句に気絶してしまった。ドン・キホーテは、キューピッドに導かれ、愛しのドルシネア姫と森の妖精たちが舞い踊る、美しい夢を見たのだった。

場面は変わり、キトリとバジルは馴染みの居酒屋へと逃げ込んでいた。そこに、キトリの父親とガマーシュもやってきて、キトリにガマーシュとの結婚を迫る。そこで、バジルは狂言自殺を図る。キトリはドン・キホーテを味方につけ、父親に頼み込み、ついに父親はバジルとの結婚を認める。すると、バジルは飛び起きて、キトリと手を取り合い喜ぶのだった。

そして、キトリとバジルの結婚式が盛大に行われる。それを見届けたドン・キホーテはドルシネア姫を探すためまた旅に出るのだった。

PART 5

憧れのポアントを履こう

POINT 41

バー・レッスンを経てポアントを履く

ポアントを履くための心構え

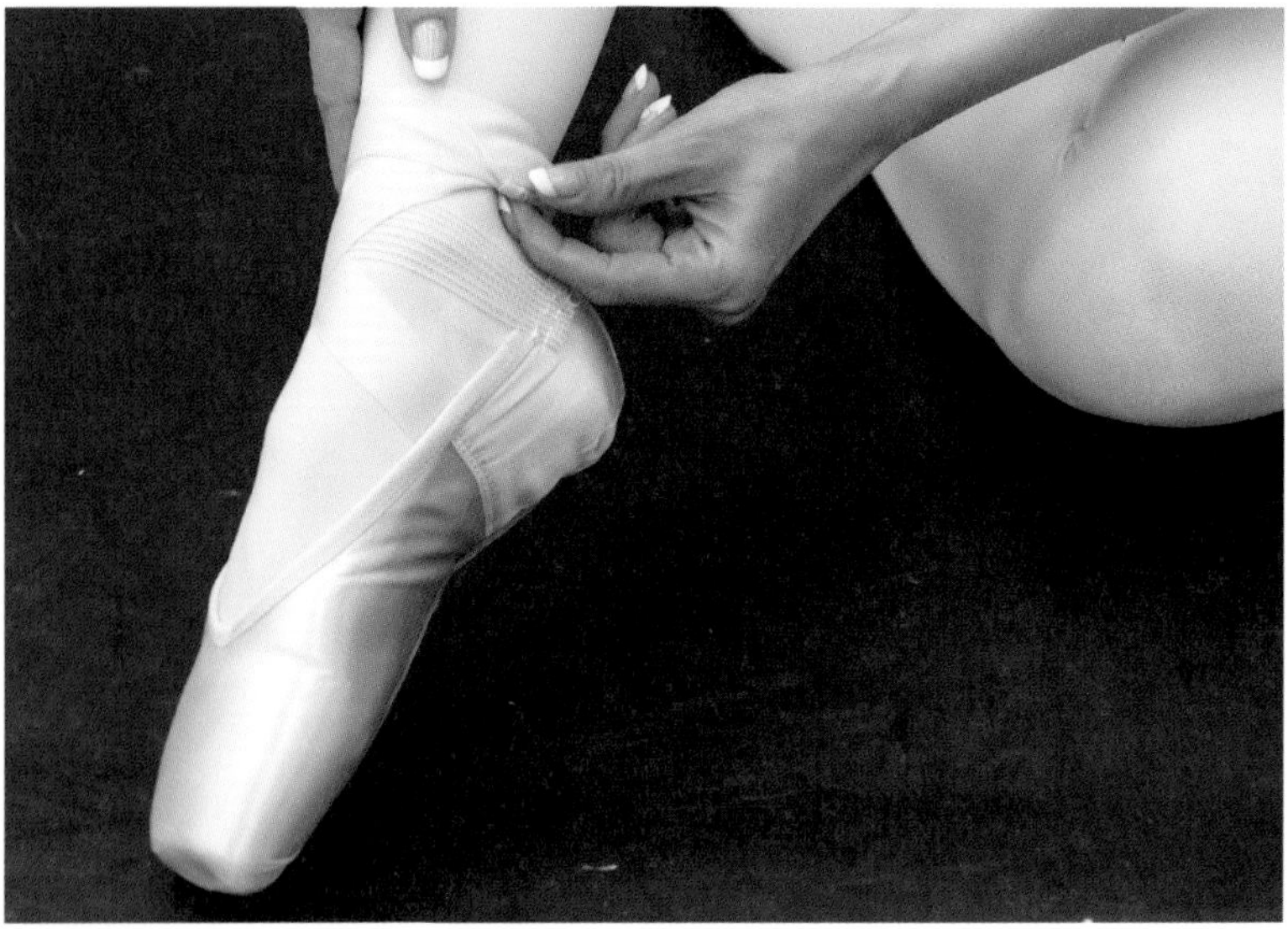

CHECK

- ✓ ポアントのためにはバー・レッスンを重視する。
- ✓ 筋肉や筋が出来上がってから履く。
- ✓ ポアントの基本ストレッチを覚える。

ポアントとは

ポアントとは、トゥシューズとも呼ばれる、ツマ先を使って立つシューズ、またはツマ先で立つことを指します。

バレエというと、まず思い浮かぶのがこのポアントでしょう。キャラクターダンスやコンテンポラリーダンスなどの例外をのぞいて、バレリーナが舞台上で見せる踊りの多くが、ポアントを履いて踊ります。それゆえ、バレエを習う人の多くが、ポアントを履いて踊ることを夢見るのです。

しかし、ポアントは誰でも簡単に履けるというものではありません。筋肉が出来上がる前に履いてしまうと、骨が変形したり、怪我の原因になってしまいます。

子どもの場合には、何年間と教室の先生が定めた年数、バレエシューズでのレッスンを重ね、正しい筋肉の使い方ができてからポアントを履きます。しかし、大人からバレエを始めた人の場合には一概に何年ということは言えません。これは、筋肉や筋の使い方を覚え、レッスンを理解できるようになるまでに個人差が大きいためです。

バー・レッスンでポアントに必要な体が作られる

ポアントを履くためには、まずはルルヴェで正しく立てなければいけません。また、レッスンの内容をきちんと理解できるようになって、初めてポアントを履くレベルになると思います。アテールからポアントになるプロセスをきちんと学び、それを実践できるようになる必要があるのです。

これらの、ポアントを履くために必要な要素は、バー・レッスンの中にヒントが100パーセントあります。バー・レッスンをおそろかにしてポアントを履こうという考えはいけません。ポアントを履くためには、ポアントを履かないレッスンが大事なのです。

正しい姿勢で立つことで足への負担が減る

ポアントを履くことができるようになったら、まずは立つ練習を行います。この立つための練習方法は、POINT 42～45で紹介しますが、このときに、正しい姿勢で立つことがとても大切となります。バー・レッスンでも説明した、コアを引き上げること、首に力を入れないことを意識して立ちましょう。

また、下段で紹介する基本のストレッチを行い、足の甲と足裏を伸ばしておきましょう。

軸足がゆらがない強さと、自分がどこに立っているのかを把握し、それがコントロールできるようになると、ポアントで立つことが返って楽になることもあります。ポアントで立つことで自分を引き上げてくれ、バレエシューズでは立てないところまで持っていってくれるのです。そのレベルを目指し、まずはバー・レッスンを正しく行えるようレッスンに励みましょう。

ポアント用のストレッチ

甲を伸ばして足を慣らす

ポアントを履いたら6番で立ち、右足をひっかけるようにして、右足のツマ先を左足の外側に置く1。両足でプリエし、左足ヒザでふくらはぎを押すようにして、右足の甲を出す2。その後、足を入れ替え、左足の甲も押し出してストレッチする3。

1

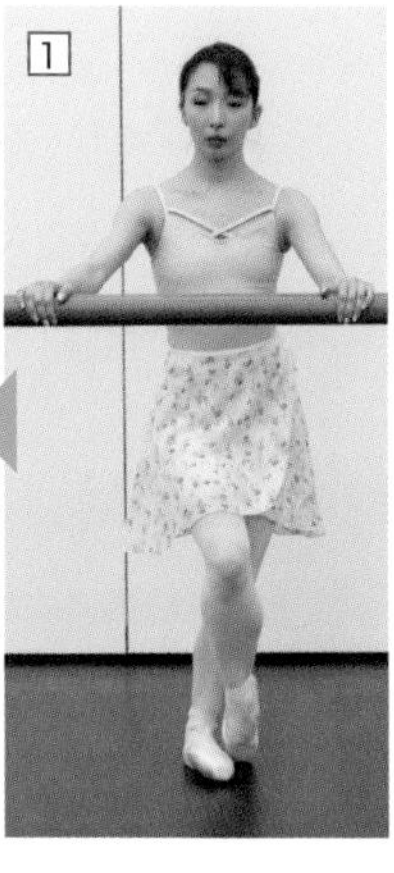

2

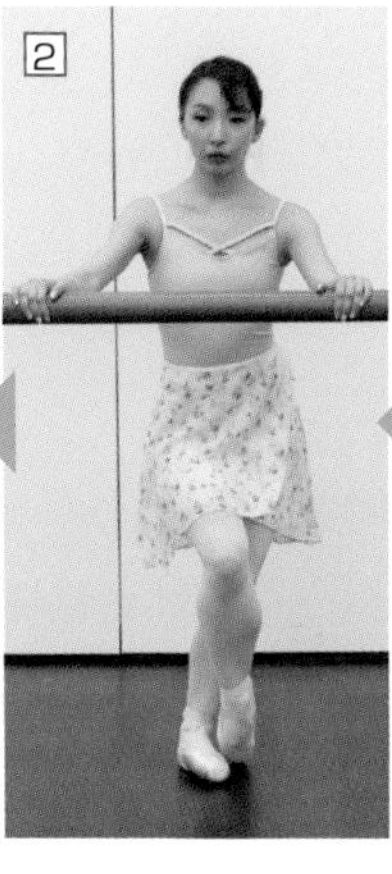

3

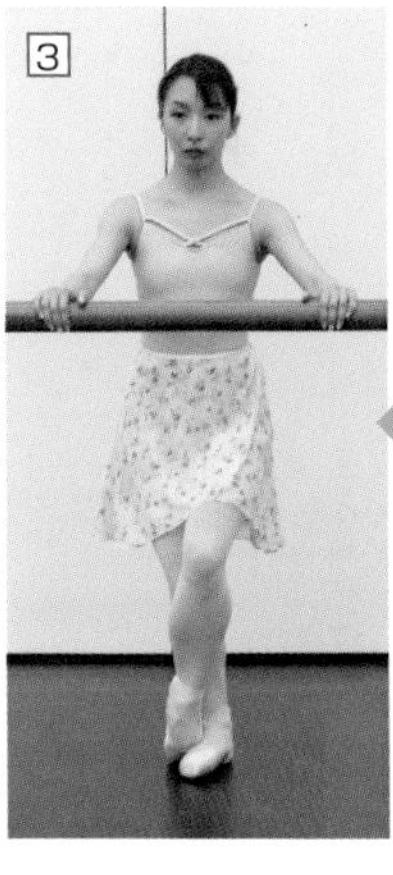

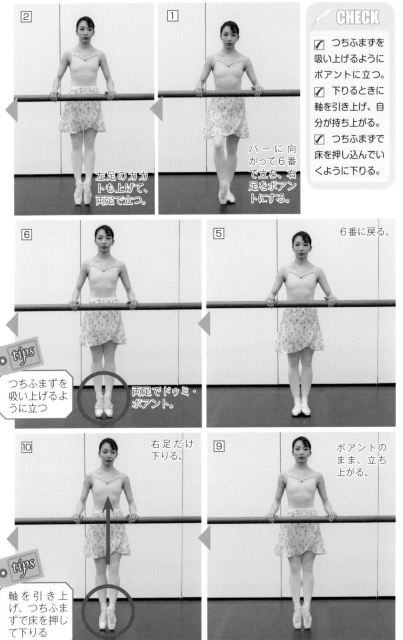

POINT 42

ポアントの足慣らし1（6番で立つ）

下りるときに軸を引き上げる

CHECK

- ✓ つちふまずを吸い上げるようにポアントに立つ。
- ✓ 下りるときに軸を引き上げ、自分が持ち上がる。
- ✓ つちふまずで床を押し込んでいくように下りる。

1
バーに向かって6番で立ち、右足をポアントにする。

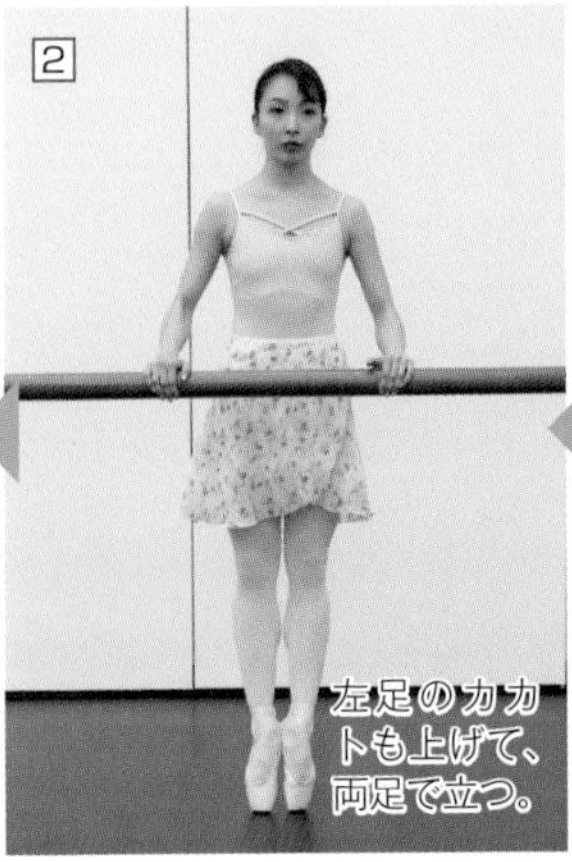
2
左足のカカトも上げて、両足で立つ。

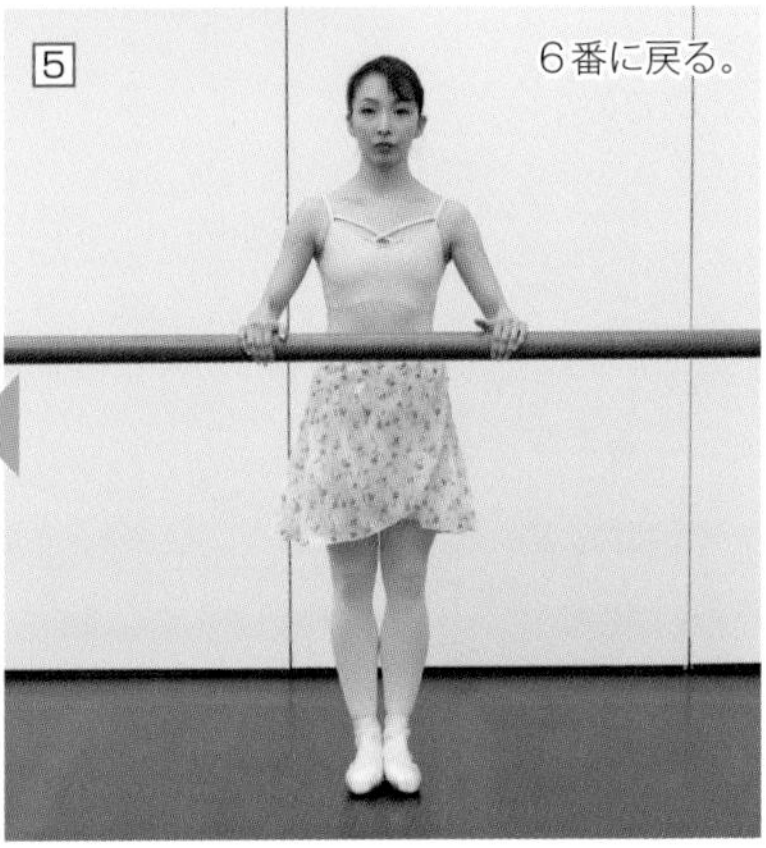
5
6番に戻る。

6
両足でドゥミ・ポアント。

tips
つちふまずを吸い上げるように立つ

9
ポアントのまま、立ち上がる。

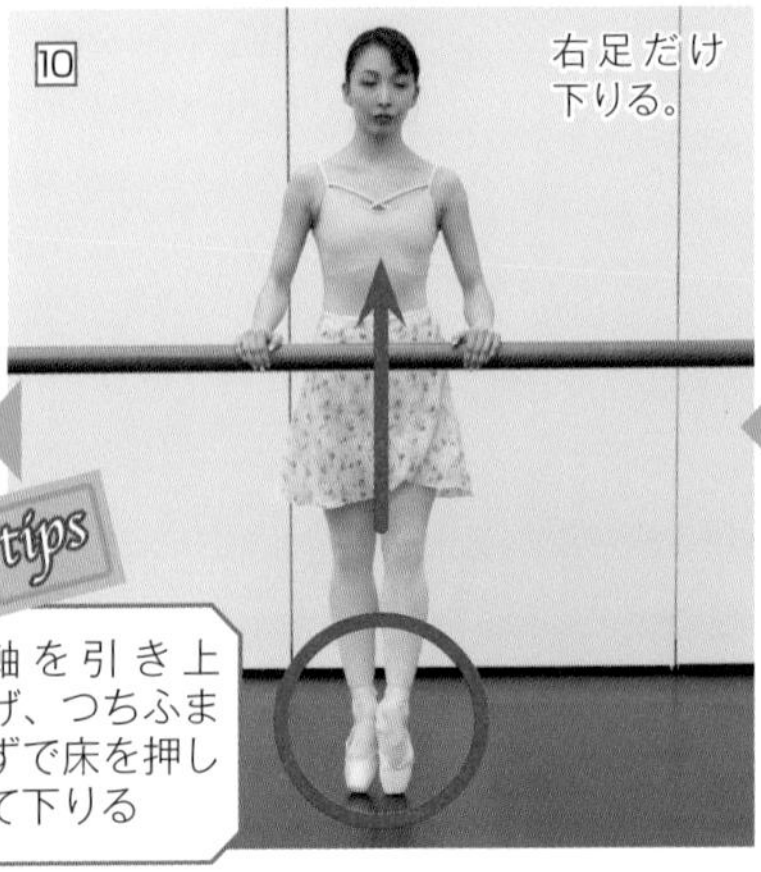
10
右足だけ下りる。

tips
軸を引き上げ、つちふまずで床を押して下りる

3 右足を下ろし、左足の甲を前に出す。

4 左足を下ろし、右足の甲を出す

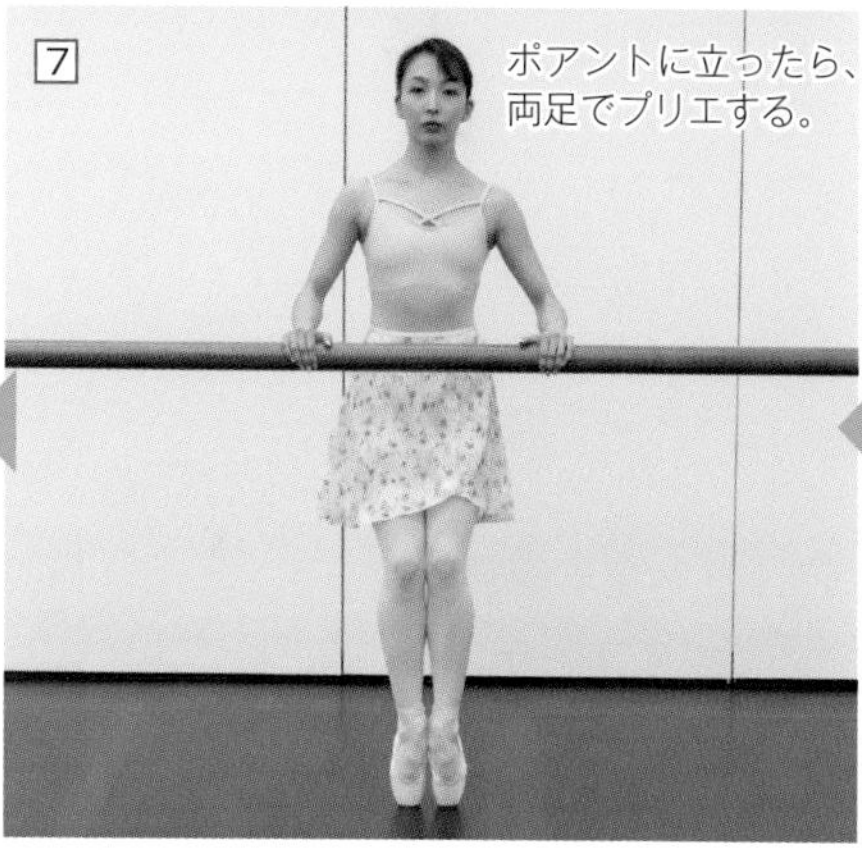
7 ポアントに立ったら、両足でプリエする。

8 腰を落とし、深くまでプリエして両足の甲を出す。

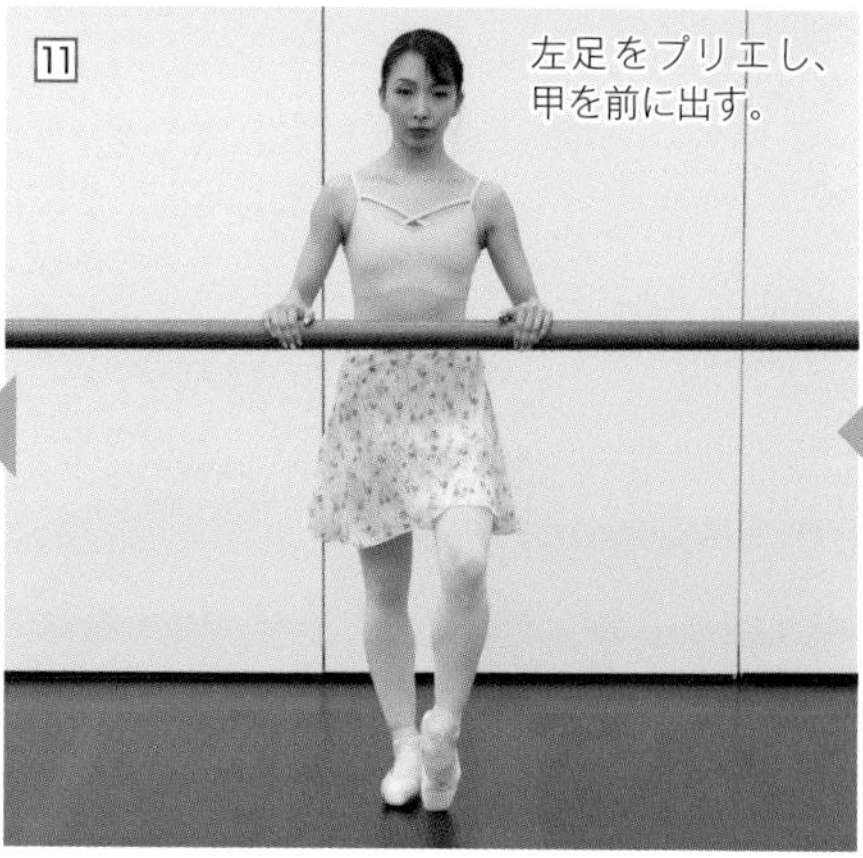
11 左足をプリエし、甲を前に出す。

12 足を入れ替え、右足の甲を出す。

POINT 43

体の軸はセンターに置く

ポアントの足慣らし2（1番で立つ）

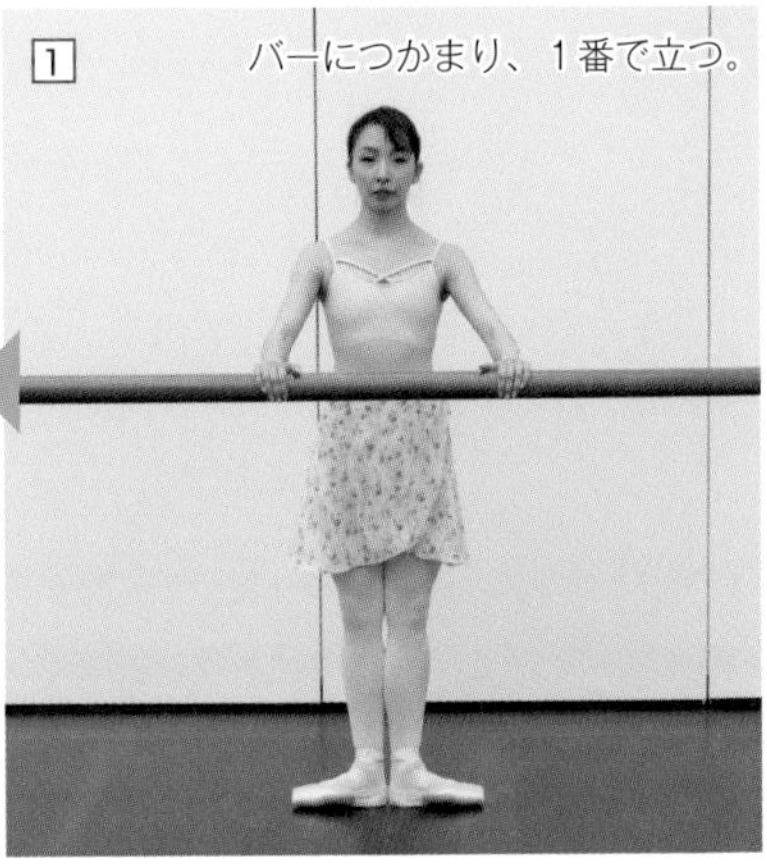
1 バーにつかまり、1番で立つ。

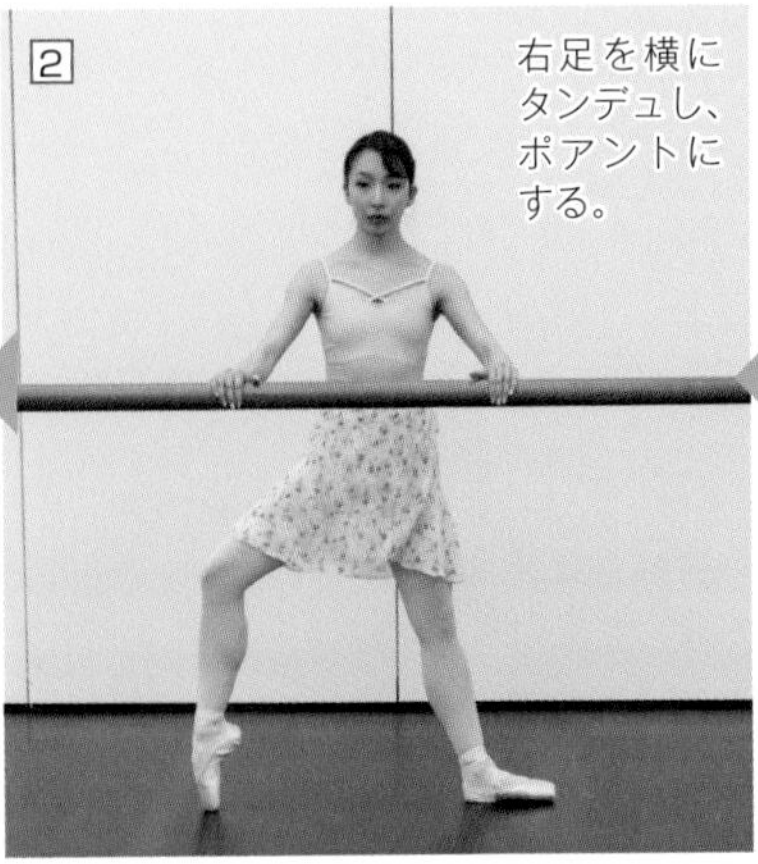
2 右足を横にタンデュし、ポアントにする。

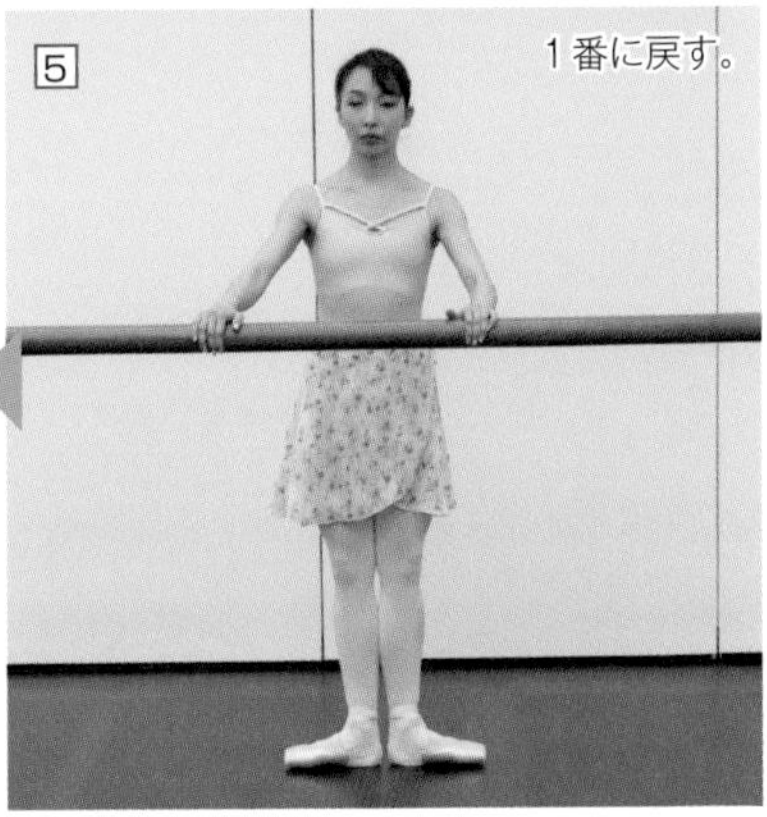
5 1番に戻す。

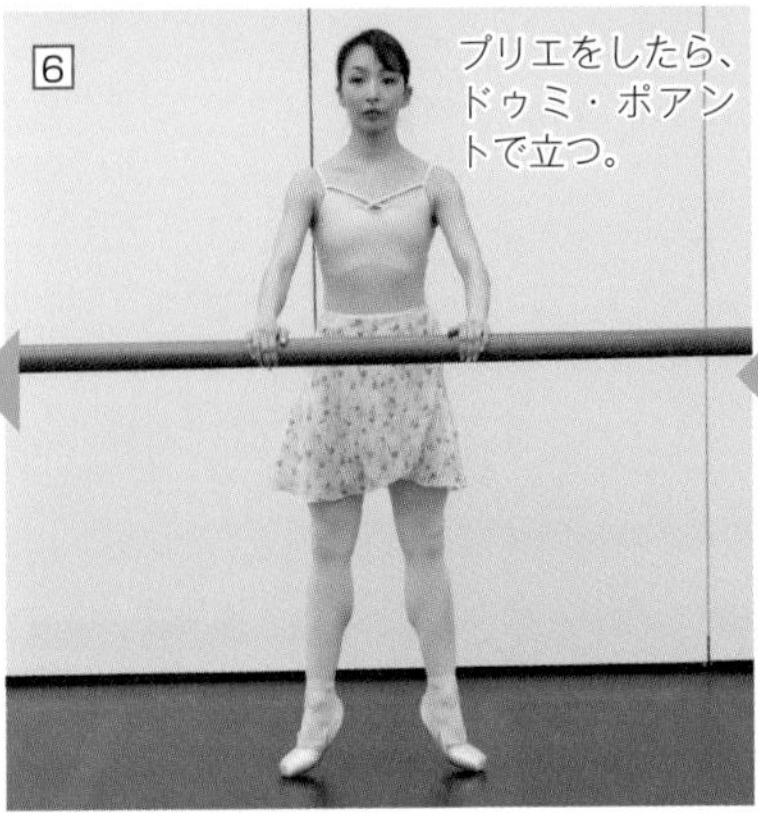
6 プリエをしたら、ドゥミ・ポアントで立つ。

9 ドゥミ・ポアントを通ってプリエに戻る。

10 プリエをしたままカカトを上げてドゥミ・ポアント。

CHECK

☑ 1番で立ったら軸はセンターに。
☑ ヒザは外側に向けてプリエ。

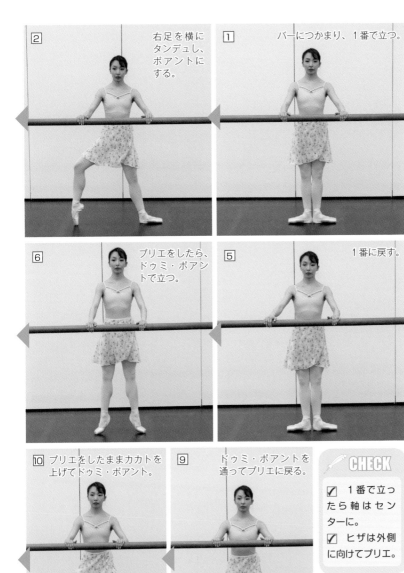

3
右足に体重を乗せて甲のストレッチ。

4
１番に戻し、右足をドゥミ・ポアントからポアント、ドゥミ・ポアントで戻す。同様に、左足も甲のストレッチをする。

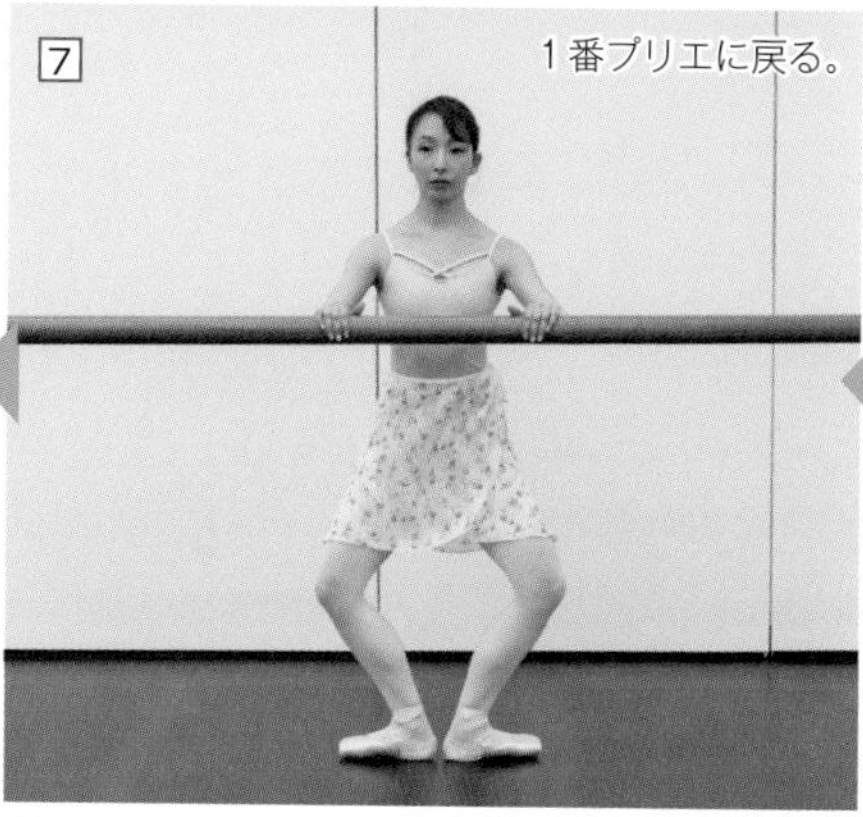
7
１番プリエに戻る。

8
tips
軸はセンターに置く
ポアントで立つ。

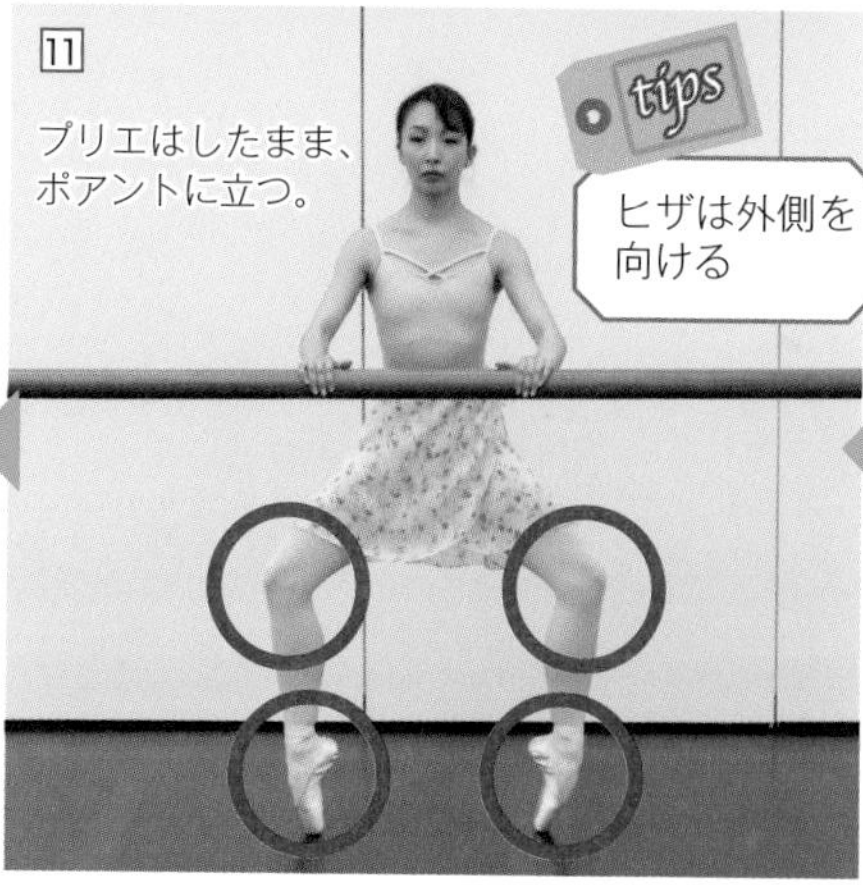
11
プリエはしたまま、ポアントに立つ。
tips
ヒザは外側を向ける

12
ヒザをゆっくり伸ばす。

POINT 44

内モモをしっかりクロスさせる

スス（足を引き寄せて立つ）

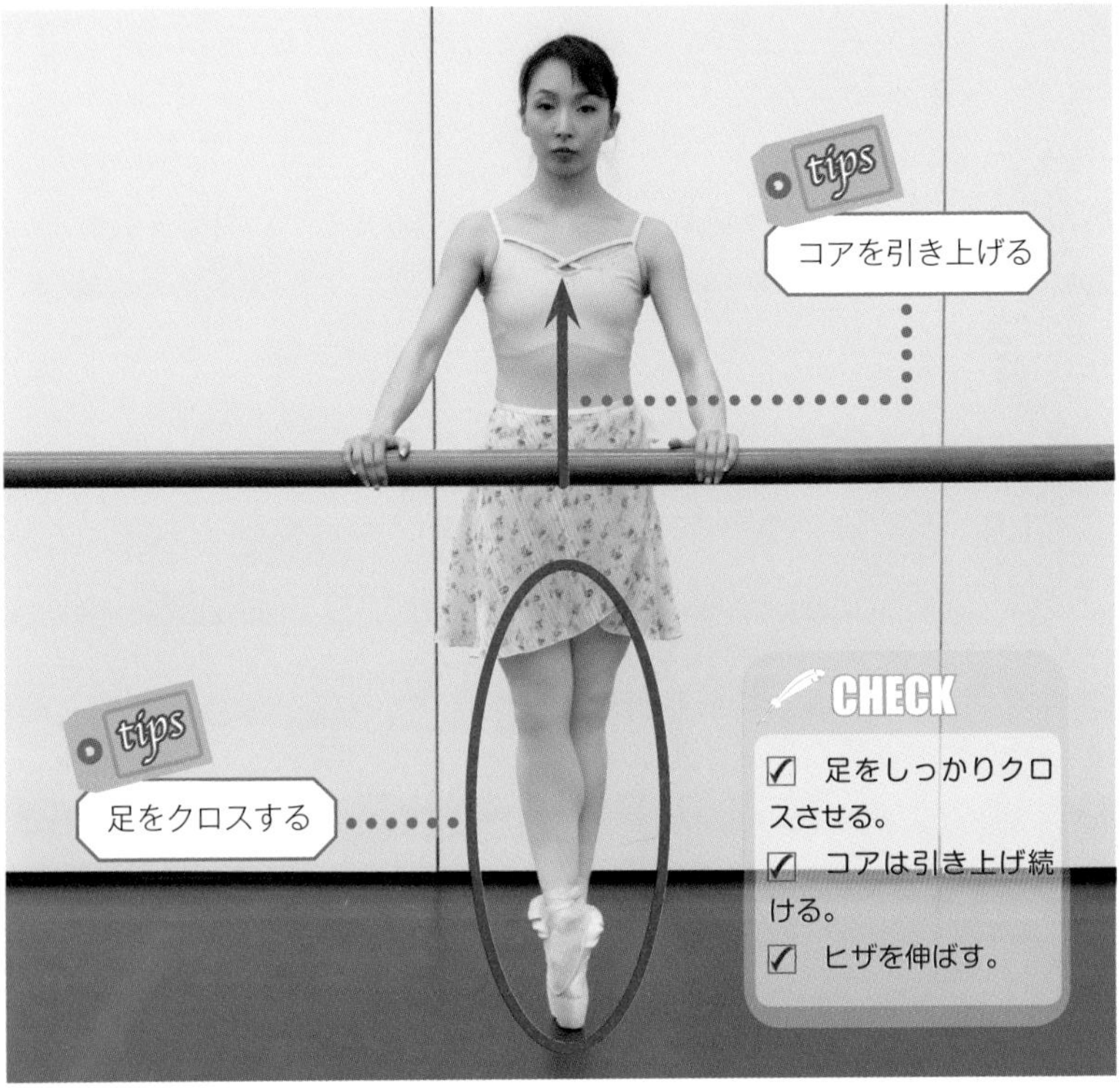
tips
コアを引き上げる
tips
足をクロスする
CHECK
足をしっかりクロスさせる。
コアは引き上げ続ける。
ヒザを伸ばす。

ススとは

ポアントの練習では、基本的な動きをバー・レッスンで行い、その後、安定して立てるようになったらセンター・レッスンへと移行します。ここでは、ポアントのもっとも基本となる動きとも言える、ススのポイントを紹介しましょう。

ススは、5番の足から左右のツマ先を重ねるように引き寄せてポアント（またはドゥミ・ポアント）で立つ動きを指します。

プリエでしっかりと床を押し、その後、一気に両足で立ちます。このとき、足が一本に見えるように足を付け根からしっかりとクロスさせ、ヒザを伸ばしましょう。

コアは引き上げて、おへそが抜けないように気をつけます。息を詰めてしまいがちですが、呼吸は自然に行いましょう。

ここがポイント

両足を寄せてクロスする

ポアントに立ったら、両足をすぐに寄せて、足を付け根からクロスさせる。足が一本に見える形が望ましい。内モモの間には隙間をあけず、ぴったりくっついている状態にしよう。

ここがポイント

コアを引き上げて体が落ちないよう注意

肩が上がったり、バーに体重をかけてしがみつく姿勢も×。あくまでもバーは利用するだけで体重をかけすぎてはいけない。コアをよりいっそう引き上げて、自分の体を高い位置で保つイメージを持とう。

Advice

ク・ド・ピエも練習しよう

ススで立てるようになったら、ク・ド・ピエでも立ってみよう。ク・ド・ピエにするためにジャンプすると体が落ちてしまうので、飛び上がる瞬間に自分の体をホールドするのがポイント。

ここがポイント

ヒザを伸ばして両モモをつける

ヒザが伸びていないと、足と足の間に隙間ができてしまう。ススは、一本の足に見えるように足をクロスして立つパだ。ヒザを伸ばし、両足をしっかりとクロスさせよう。

POINT 45

エシャペ（5番から2番に立つ）
ヒザは外側を向けて足の中心に立つ

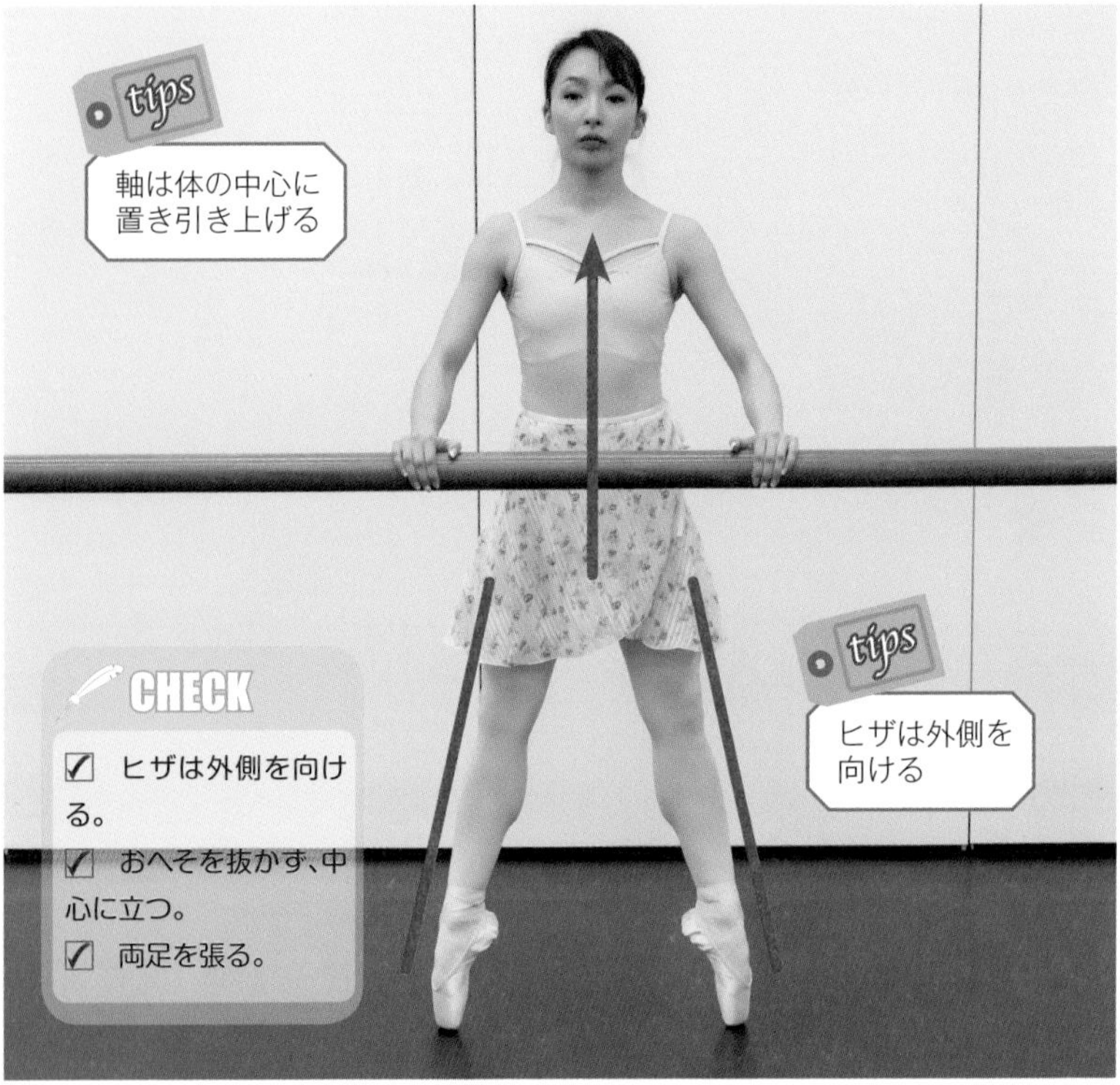
tips
軸は体の中心に置き引き上げる
tips
ヒザは外側を向ける
CHECK
ヒザは外側を向ける。
おへそを抜かず、中心に立つ。
両足を張る。

エシャペとは

エシャペは、5番からポアント（ルルヴェ）の2番に立ち、足を入れ替えて5番に戻る動きを指します。エシャペは、ジャンプを伴うものもあり、ジャンプをするパは「エシャペ・ソテ」とも呼ばれます。

足をスライドするように開き、スッと立ちましょう。両足を使って三角形を作るイメージで、床をしっかりと押して、プリエし、一気に立ちます。このとき、ヒザは外側を向けることが大切です。また、両足を張って、ヒザを伸ばしましょう。

素早く、足を開いて立つために、ジャンプして立ってしまいがちですが、足は床すれすれを移動させ、伸び上がるようにして立ちます。

また、おへそが抜けて腰が落ちやすいので、しっかりと引き上げます。

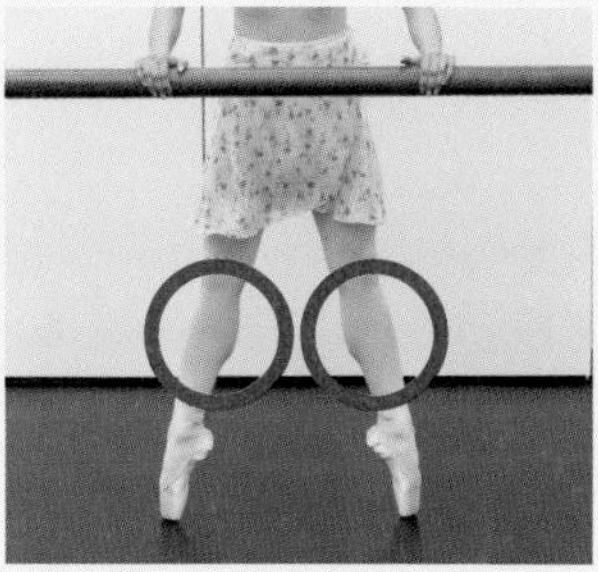

ここがポイント ヒザの向きに気をつけよう

エシャペでは、カカトが内側に入ってしまいやすいため、ポアントで立ったらヒザを外側に向けることを意識しよう。足は付け根からアン・ドゥオールして、美しいポジションを目指す。

ここがポイント 足の中心に軸を置く

プリエからポアントで立つまで、一貫して体の軸は両足の中心に置く。また、おへそが抜けて腰が丸まった姿勢になりやすいので注意。おへそを引き上げるようにして、高い位置に立つイメージを持つ。

Advice 呼吸は止めない

立つことに集中しすぎて息を詰めてしまいがちだが、呼吸は止めてはいけない。鼻で吸って、口で吐くことを忘れずに。これは、どのパにも共通して言えることだ。自然な呼吸で踊ることを意識しよう。

ここがポイント 足を張って三角形を作る

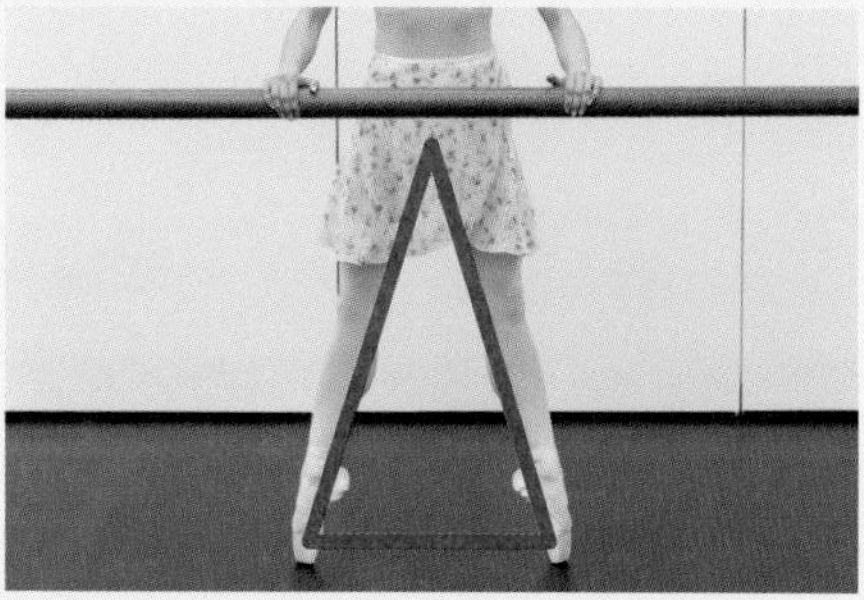

足をスライドするようにして開いて、ポアントで立ったら、両足のヒザを伸ばし、足の甲をしっかりと伸ばして、足を張る。足の付け根からツマ先で三角形を作るイメージで立つと美しい。

POINT 46

パ・ド・ドゥでは相手の呼吸を感じる

相手の呼吸を感じて合わせる

女性と男性がペアを組んで踊ることをパ・ド・ドゥと呼びます。古典バレエの作品では、主人公たちのグラン・パ・ド・ドゥは、最大の見どころです。それゆえ、バレエを習う上で、パ・ド・ドゥを目標とする方も多いのではないでしょうか。

パ・ド・ドゥを踊る上で気をつけたいのは、相手と呼吸を合わせるということです。

パ・ド・ドゥは、お互いの力がうまく合わされば倍の力になります。しかし、独りよがりで踊っていれば、男の人は後からついていくだけになってしまいます。これでは、意味がありませんよね。

ですから、相手の呼吸を感じ、音楽を聞きながら、相手と同じ呼吸ができるように意識しましょう。目を合わせて踊り、言葉を交わさなくても意志を交わせると良いでしょう。

また、男性の手にしがみついてしまうのも良くありません。

例えば、アラベスクなどのポーズを保ったまま、軸足を床から離さずに回る「プロムナード」というステップがありますが、このときも男性の手をギューッと力をいれて握ってしまうと、手に重心がいってしまい、バランスが崩れてしまいます。日頃のバー・レッスンからバーを男性の手だと思ってレッスンをしてみましょう。

男性の手はあくまでも補助です。究極のパ・ド・ドゥは何も持たないことなのです。男性の補助がなくても踊り切れれば、それがベストなのですが、補助がないと長時間踊ることができないために、男性の手を借りるのです。いつでも手を離せるように、自分の体をコントロールして踊ることが、パ・ド・ドゥを成功させる最大のポイントといえます。

PART 6

ストレッチで体を作ろう

POINT 47

ストレッチでケガを防止する

ストレッチで柔軟性をアップする

ケガをしないためのストレッチ

レッスンでは、筋肉トレーニングや柔軟運動を行わない教室も多くあります。しかし、大人からレッスンを始めた人は、柔軟な体を作るために苦労している人も多いでしょう。柔軟性を身につけるためには、毎日、繰り返し柔軟運動やストレッチを行うことが大切です。

一般的にストレッチには、ケガを予防し、疲労を軽減させる効果があるとされています。また、日常的にストレッチをすることで、柔軟性を高め、筋力バランスを整える効果もあるとされています。

ケガの予防やパフォーマンス向上のためにも、レッスンの前後には簡単なストレッチを行うと良いでしょう。

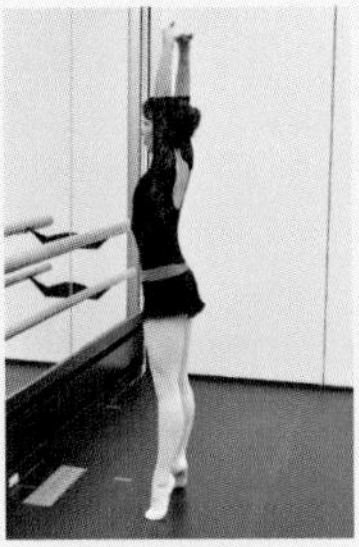

ここがポイント

レッスン前には筋肉をしっかりと伸ばそう

レッスンでは、プリエ、タンデュといったように、段階を踏んで動いていくため、最初から足を高く上げたり、大きなジャンプをすることはない。しかし、ケガを予防するという意味でも、レッスンの前には、足の裏側や股関節を伸ばすストレッチを行い、体を温めておくと良い。

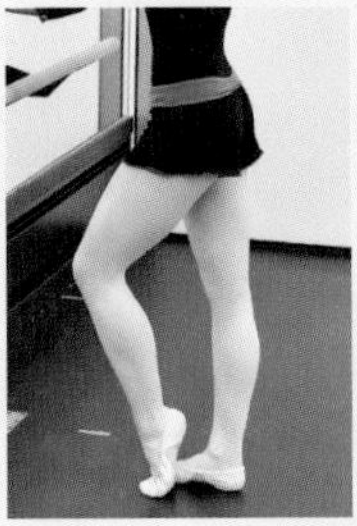

ここがポイント

レッスン後のストレッチで疲労を軽減する

レッスン後にクールダウンのためのストレッチを行うと、疲れの原因となる乳酸を押し流すことができ、疲労回復が早くなると言われている。翌日に疲れを残しにくくもなるため、レッスン後には、体全体の筋肉をゆっくりと伸ばすストレッチを行おう。

Advice

バレエに筋トレは必要ない!?

体幹の筋肉の強さと柔軟性を養うことでインナーマッスルが自然と鍛えられ、正しいポジションで踊っていれば柔軟も必要ないという考え方もある。とはいえ、ある程度の柔軟性がなければ、そもそも正しいポジションがとれない。まずは柔軟性を高める努力をしよう。

ここがポイント

繰り返し柔軟運動をすることで体の柔らかさを保つ

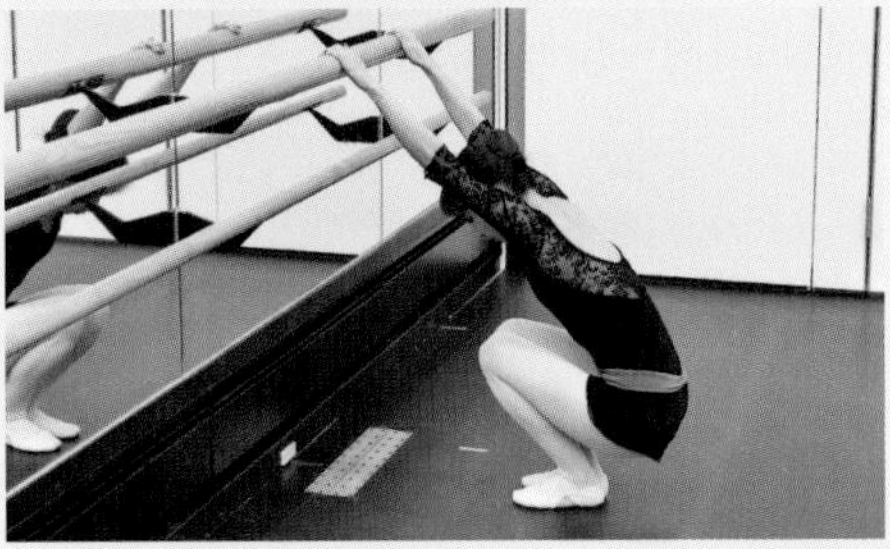

正しいポジションをとるためには、柔軟性が必須だ。体が硬い人は、柔軟運動を、毎日欠かさず行うことが大切。特に股関節は、足をアン・ドゥオールするために柔軟性が必要となる上、意識的にストレッチをしないと柔軟性が増さない部位だ。ストレッチを日課にしよう。

POINT 48

下半身や体幹をストレッチする

バーにつかまり筋肉を伸ばす

CHECK

- ✓ 足の甲や裏を伸ばして疲労回復。
- ✓ ゆっくりと行い、筋肉を十分に伸ばす。
- ✓ 体幹をしっかり伸ばそう。

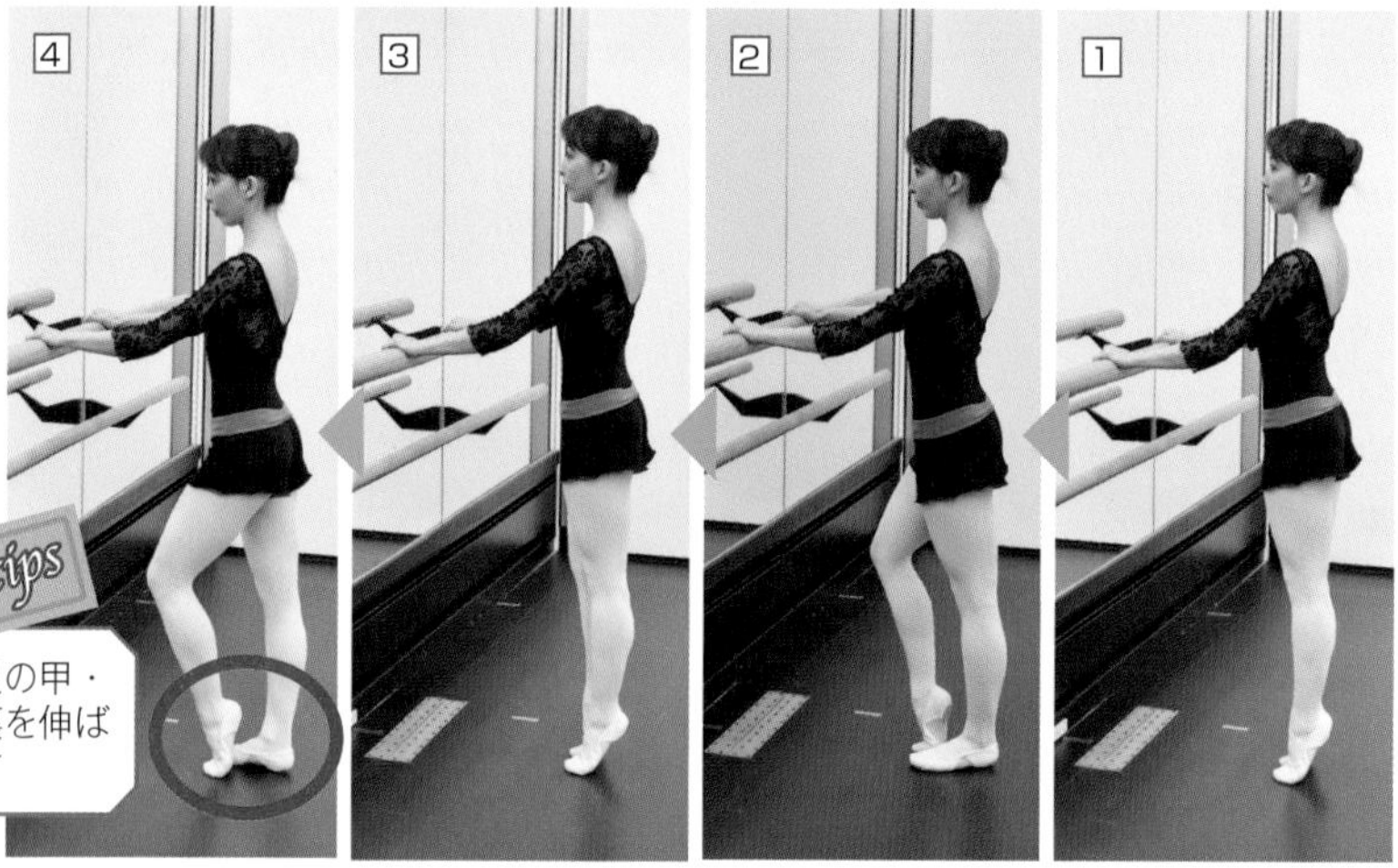
4
3
2
1
tips
足の甲・裏を伸ばす

バーにつかまり、6番でルルヴェする1。左足だけを下ろし、右足の甲を立ててしっかりと伸ばす2。その後、再びルルヴェになり3、右足だけを下ろして左足を伸ばす4。

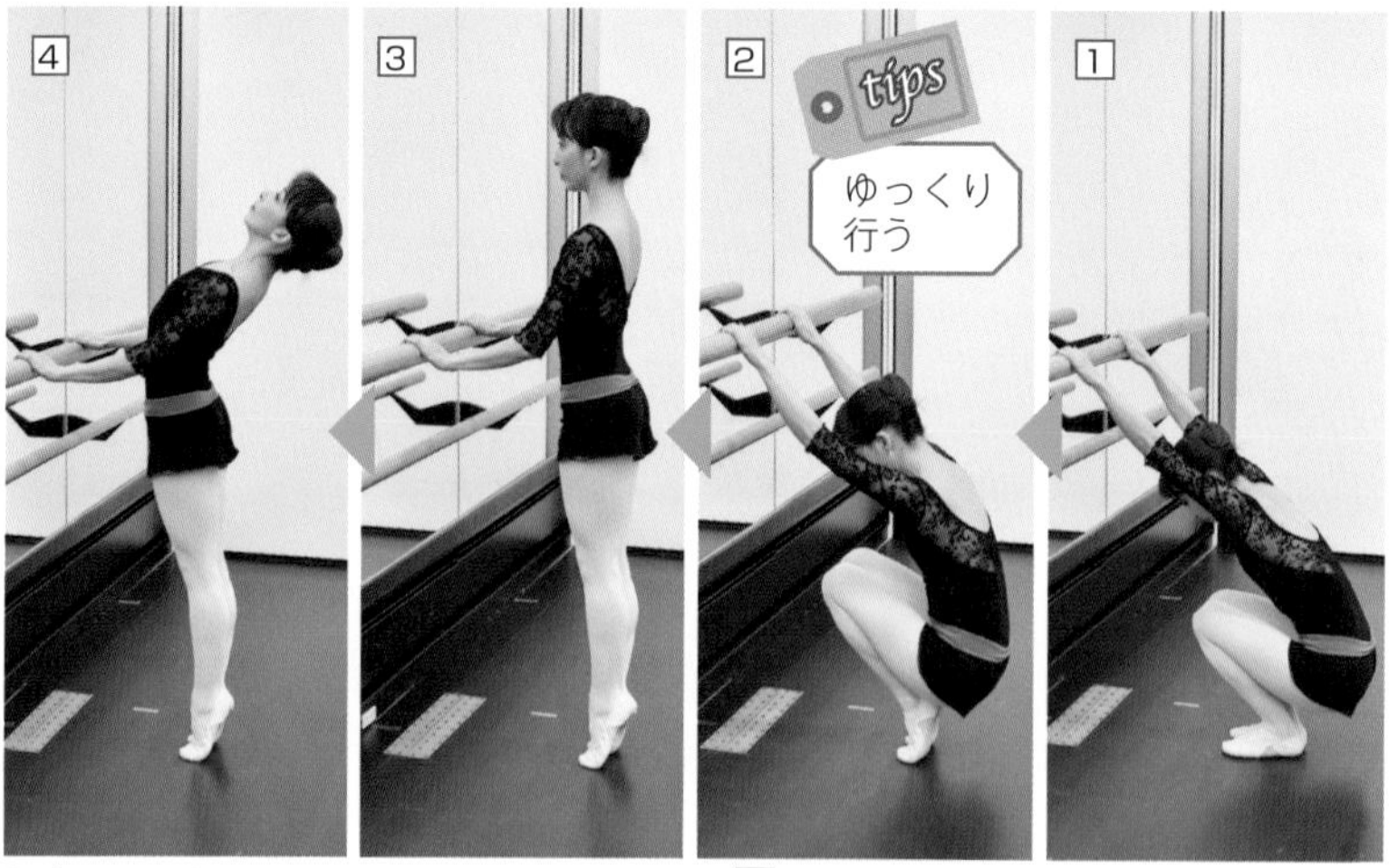
4
3
2
1
tips
ゆっくり行う

6番の足でバーにつかまり、両ヒザを深く曲げる1。その後、両カカトを上げて、しゃがんだままルルヴェの足になる2。次に、両ヒザを伸ばしたら3、上半身を後ろに反る4。

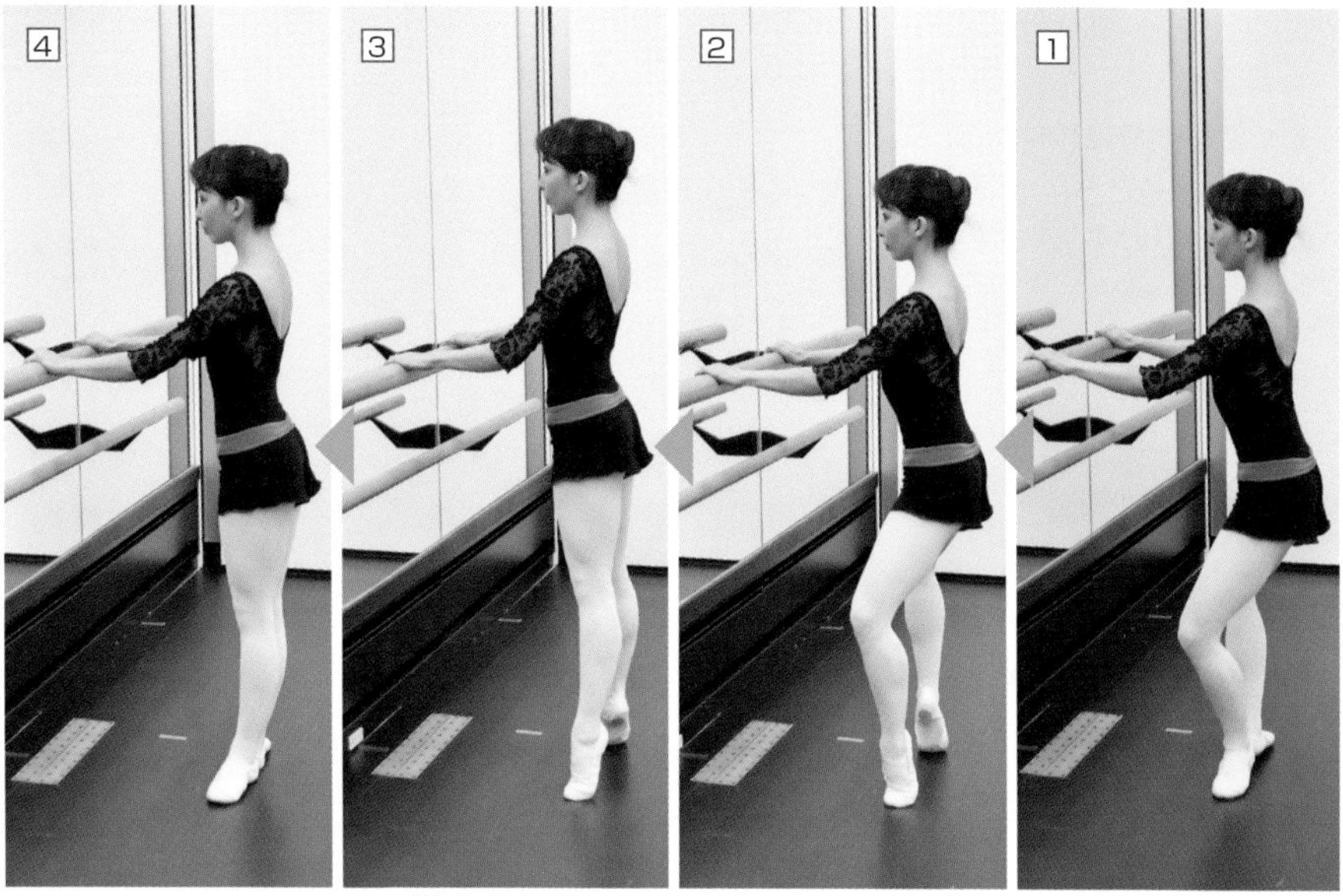

１番の足でドゥミ・プリエする[1]。次に、ヒザを曲げたまま、カカトを高く上げる[2]。その後、ヒザを伸ばして、１番のルルヴェになり[3]、ゆっくりとカカトを下ろす[4]。

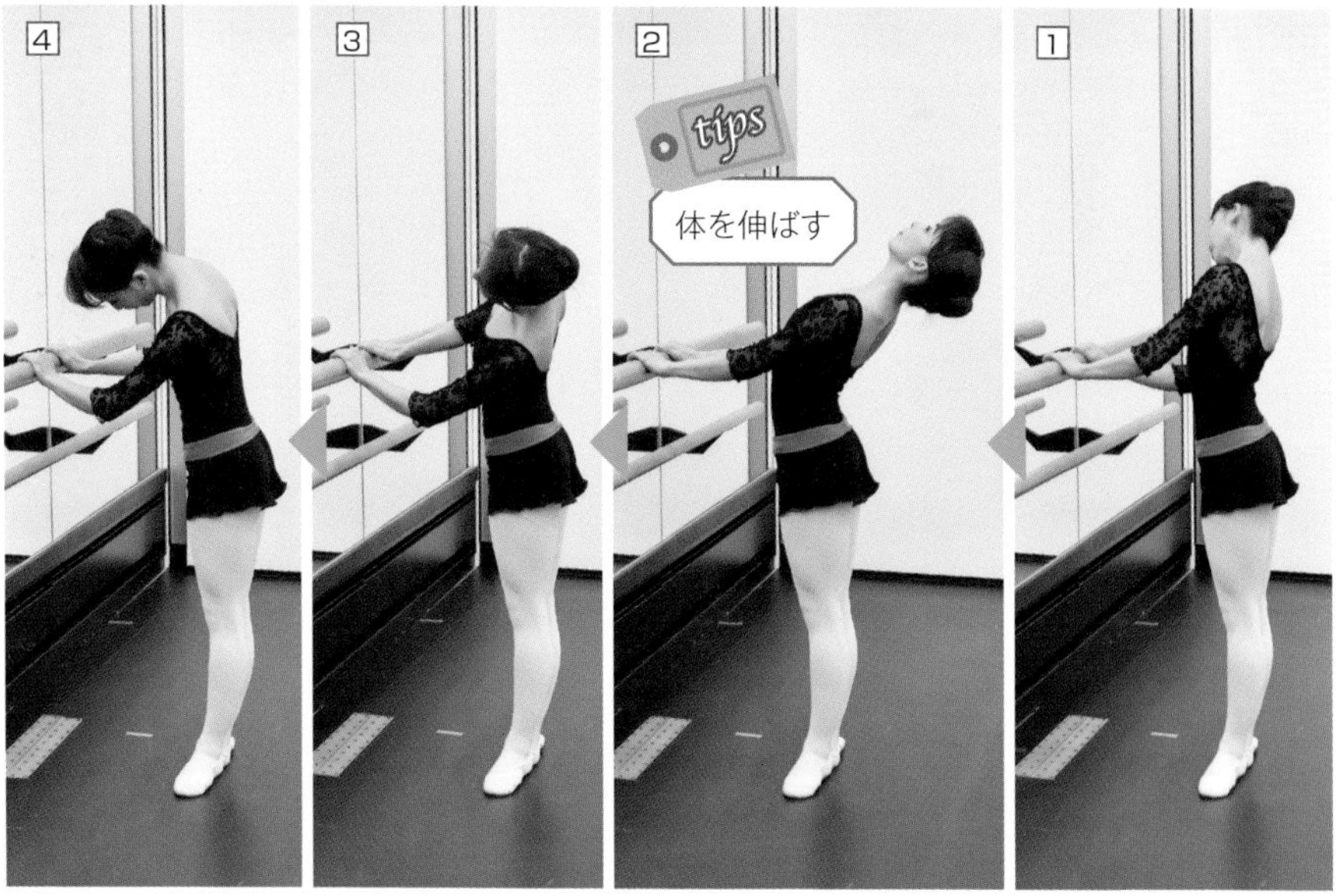

１番の足のまま、上半身だけを右[1]、後ろ[2]、左[3]、前[4]と回す。このとき、腰から下は動かさず、上半身だけを使って回す。胸、脇腹、背中がしっかりと伸びていることを意識しながら行おう。

POINT 49

ゆっくり呼吸しながら肩を回す

上半身をストレッチする

CHECK

- ✓ 肩甲骨をはがすように回す。
- ✓ 呼吸は止めない。
- ✓ 上体を回して首回りをほぐす。

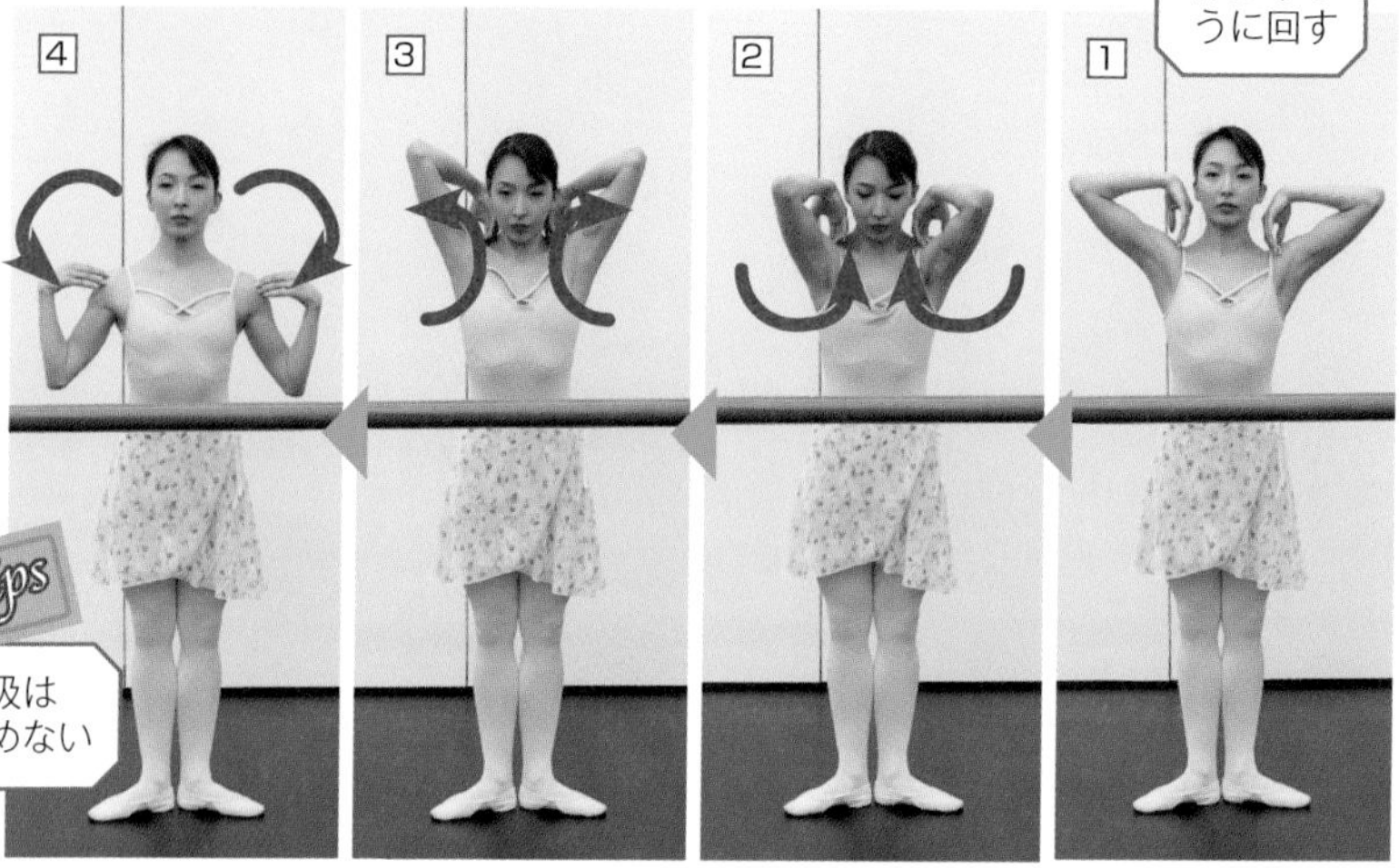

足を１番にし、両手の先を方につける。背筋は伸ばしたまま、肩甲骨をはがすイメージで肩を回す。呼吸はゆっくりと行おう。

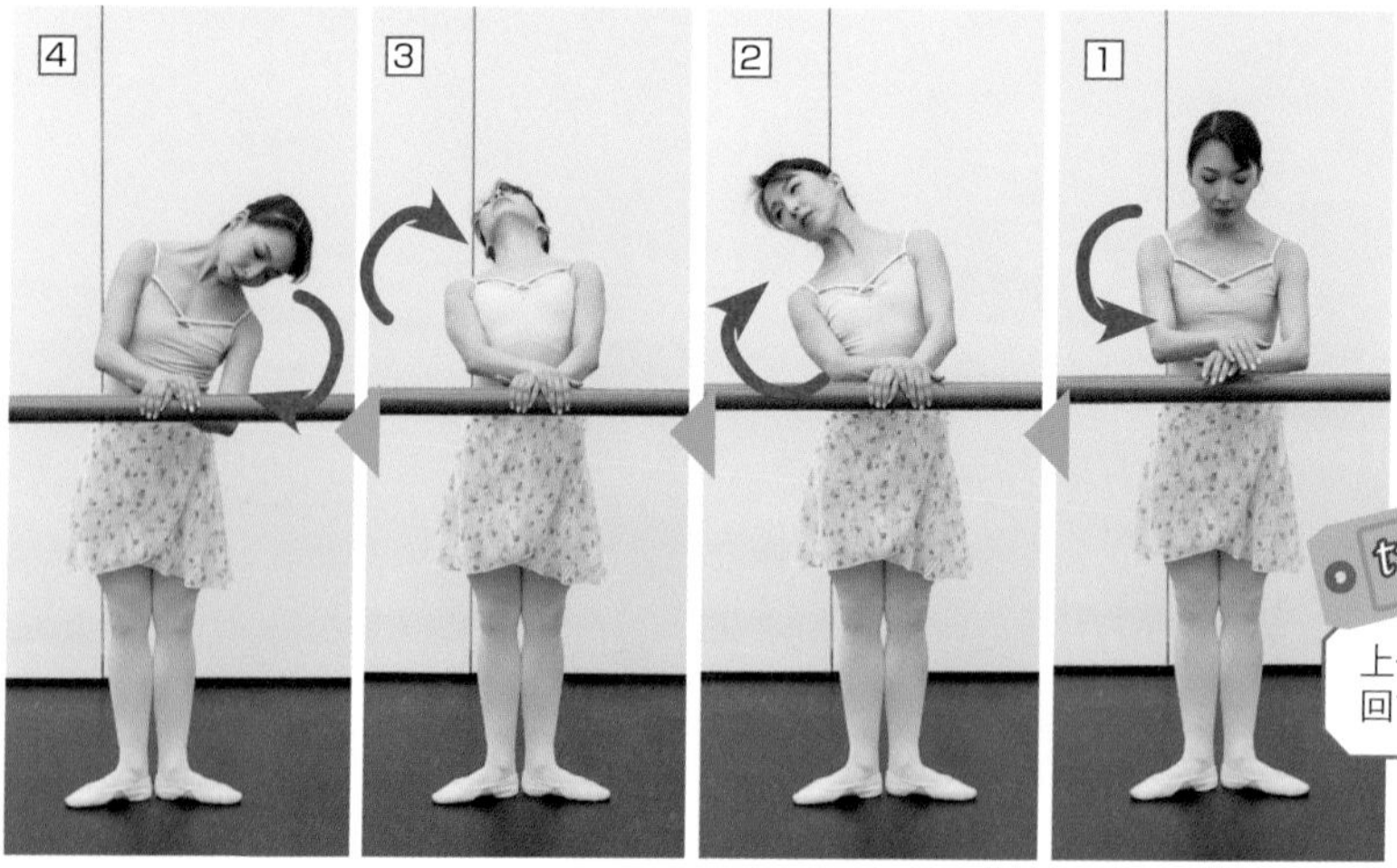

足を１番にして、バーにつかまる。顔を下に向け、そこから横、後ろ、横、前へと回す。首だけを回すと痛めてしまうことがあるため、上体を回すイメージで行う。

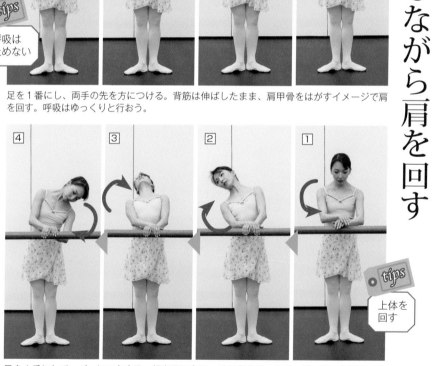

POINT 50

レッスンや舞台でよく使われるバレエ用語

用語を覚えて理解を深める

CHECK

- ✓ 用語を覚えることで、バレエをさらに知る。
- ✓ 用語が分かるとレッスンの上達も早まる。
- ✓ 舞台鑑賞を楽しむためにも用語の理解は必須。

用語が分かれば上達の近道になる

バレエは、専門的な用語が多く、独特な言い回しをすることも多々あります。そこで、よく使われる用語を覚え、さらにバレエを知ることで理解を深めましょう。そこで、よく使われる用語を覚えることで、バレエをさらに深く知りましょう。また、用語を理解していると、先生がどのような動作を指しているのか瞬時に理解することができ、上達も早まります。舞台鑑賞をする際にも、用語を知っていればよりその作品を楽しむことができるでしょう。

アダージオ／アダージョ…………ゆったりとした音楽に合わせて踊ること。また、男女がペアで踊ることを指す場合もある。

アレグロ…………テンポの早い曲に合わせて踊る踊り。一般的には、小さめのジャンプを取り入れて構成される。

アンシェヌマン………パを組み合わせた一連の動き。

ヴァリエーション……グラン・パ・ド・ドゥの中で踊られるソロの踊り。

カンブレ…………アーチ状にすること。腰から上(上半身)を前後左右に曲げる動きを指す。

グラン・ワルツ………ワルツの曲で、大きなジャンプを取り入れた踊り。

グラン・パ・ド・ドゥ……古典バレエの作品で男女がペアになって踊る形式の踊り。ゆったりとした曲で男女のペアで踊る「アダージオ」、それぞれがソロで踊る「ヴァリエーション」、最後に男女で踊る「コーダ」で構成される。

コーダ…………グラン・パ・ド・ドゥで、男女のペアが最後に踊る踊り。華やかな大技が組み込まれ、見せ場ともなる。

コール・ド・バレエ…主役のエトワールの後ろで、群舞を踊るダンサー。

パ…………バレエの動きの総称。ステップとも呼ばれる。

ポアント…………ツマ先、あるいはトゥシューズのこと。

マイム…………舞台上でせりふを表現するために行うしぐさ。

マネージュ…………舞台上を円を描く軌跡で進むこと。

監修

夏山周久（なつやま　ちかひさ）

大阪出身。

1970年チャイコフスキー記念東京バレエ団入団。

19歳でアシリア・アロンソの相手役として「カルメン」のエスカミリオに抜擢される。

数多くの欧州公演に参加し、エトワールとして活躍、各国の有名紙に称賛された。

そしてクリスティアーヌ・ブラッシやエヴァ・エフドキモア、マイヤ・プリセスカヤ、ノエラ・ポントワ、ジョイス・クォーコなど世界の著名な舞姫たちのパートナーを 務めるようになる。

1983年、ロンドンで行われたグレート・バレエ・ガラに招かれ「リゼット」を踊って喝采を浴びた。

1984年にはタリオーニ版「ラ・シルフィード」のジェームスを踊り、同年20世紀バレエ団創立25周年記念ガラに世界のトップスターとともに招かれ「詩人の恋」を踊り絶賛された。

1986年モスクワボリショイ劇場で開かれたユネスコ40周年記念ガラに招かれ、ここでも「詩人の恋」が大好評を博した。またモーリス・ベジャール振付「ザ・カブキ」では主役、由良之介を踊り、パリ・オペラ座、ミラノ・スカラ座など世界のひのき舞台で絶賛された。

1989年退団後、特別団員として在籍し、現在スタジオ・ミューズを主宰、毎年公演活動を行う傍ら、チャコット・スタジオ(大阪)講師を務めるなど、新しい分野へと進出してその才能をあますところなく発揮している。

現在、宝塚歌劇団のバレエ講師、ANGEL R DANCE PLACE 講師、チャコット講師、2020年9月から新国立劇場ゲスト教師を務める。

撮影協力

モデル　芳野　綾

和歌山県出身。様々なコンクールに入選する。
2000 年　第 57 回東京新聞主催　全国舞踏コンクール　パ・ド・ドゥ部門　第 1 位
文部大臣賞受賞　東京都知事賞　バレエ奨励賞受賞
2001 年　NBA バレエ団入団　主要な役を演じる
2002 年　ロシア公演参加
バレエ団退団　現在に至る

Angel R Dance Palace

Angel R では、渋谷と表参道の好立地で、どんな方でも気軽にバレエを始められる、大人のためのバレエスタジオです。夏山先生のレギュラークラスも、初級～上級クラスまで幅広く、様々なレベルの方にご受講いただけます。

【表参道校】
〒 107-0062
東京都港区南青山 5-4-40
A-FLAG骨董通りB2
TEL：0120-667-039（03-6419-7039）

【渋谷校】
〒 150-0032
東京都渋谷区鶯谷町 3-3
VORT渋谷south1F/B1（旧サウスゲート渋谷）
TEL：0120-744-582（03-5784-0862）

【公園通り校】
〒150-0041
東京都渋谷区神南1-15-5
神南プラザビルB1F
TEL：03-3461-0288

大人のバレエ
上達レッスン　50のポイント　新版

2021年　6月10日　第1版・第1刷発行

監修者　夏山　周久（なつやま　ちかひさ）

発行者　株式会社メイツユニバーサルコンテンツ

代表者　三渡　治

〒102-0093 東京都千代田区平河町一丁目1-8

印　刷　株式会社厚徳社

ご意見・ご感想はホームページより承っております。

ウェブサイト　https://www.mates-publishing.co.jp/

編集長：折居かおる　副編集長：堀明研斗　企画担当：大羽孝志／折居かおる／清岡香奈

※本書は2016年発行の『大人のバレエ　上達レッスン　50のポイント』を「新版」として発行するにあたり、内容を確認し一部必要な修正を行ったものです。